朝日新書
Asahi Shinsho 899

新宗教 戦後政争史

島田裕巳

朝日新聞出版

はじめに

新宗教はなぜ政治に深く入り込んでいくのか。

日本国憲法では、信教の自由が保障されるとともに、政教分離の原則が掲げられている。政治は宗教に介入してはならないし、宗教は国や地方自治体から特別に援助を受けてはならないというわけだ。

ところが、現実には、政治と宗教とは密接に関係している。既成宗教も政治とのかかわりはあるし、議員ともなれば、宗教団体からの支援を受け、日頃、宗教施設を訪れている。選挙区にある地域の神社も宗教施設である。

新宗教になると、活発に活動する信者の数も多く、直接政治に影響を与えているように見える。自民党と連立与党を組む公明党の主要な支持母体は、日本で最大の新宗教である創価学会だ。創価学会は、公明党を通し、あるいは選挙活動を通して、政治に強い影響力を発揮しているように見える。

そして、２０２２年には、７月の安倍晋三元首相の狙撃事件をきっかけに、旧統一教会（現在は世界平和統一家庭連合）の政治への影響についても、強い懸念が示された。

宗教と政治、新宗教と政治との関係をどのようにしていくべきなのかは重要な課題だが、それを解決していくには、何より、なぜ新宗教が政治にかかわるのか、その実態と理由を明らかにする必要がある。

新宗教は、近代の産物であり、その出現と拡大には、近代の日本社会のあり方が反映されている。特に天皇や天皇制とのかかわりは大きい。その点に着目したとき、初めて新宗教とは何かが理解できるのである。

新宗教　戦後政争史　　目次

第2章 民衆宗教から新宗教へ

第3章　法華・日蓮信仰としての新宗教　103

第4章　生長の家と日本会議　

第5章 創価学会の政治学 163

第6章　平成以降の新宗教と創価学会　201

序章

旧統一教会問題

浮上した宗教と政治の問題

宗教と政治の問題が大きく浮上した。

2022年7月8日に起きた安倍晋三元首相の狙撃事件をきっかけに、旧統一教会（現・世界平和統一家庭連合）のことが盛んに取り上げられ、教団のあり方、そして安倍元首相の所属していた自由民主党の議員との関係がさまざまに言及され、霊感商法や高額献金を強制してきた教団を解散すべきだという声が高まった。さらには、旧統一教会の信者の家庭に生まれた子どもたちが親から信仰を強制され、心理的な被害を被っていることも問題視されるようになった。

政治や宗教のことを話題にするのはタブーだという考え方は、日本に限らず世界中どこにでもある。どちらを取り上げても、人によってかかわり方は違い、激しい論争に発展しやすいからである。まして、政治と宗教の関係を話題にすれば、それだけで喧嘩沙汰になっても不思議ではない。

しかしそれは、政治と宗教がいかに密接に関係しているかを示しているとも言える。戦後に制定された日本国憲法では、政教分離の原則が掲げられているものの、ときに政治と宗教の世界は関係を深め、それが国民全体の社会生活に影響することがある。

たとえば、首相の靖国神社参拝などはその典型である。安倍元首相も、再び首相に就任したのちに靖国神社に参拝した。第二次内閣発足から満1年となる2013年12月26日のことである。公費を使ってのいわゆる公式参拝ではなかったものの、中国や韓国など周辺諸国からの反発をかっただけではなく、アメリカからも失望したとの声が上がり、安倍元首相は在任中二度と靖国神社に参拝することができなかった。首相がいくら個人の信仰心にもとづいて参拝したのだと主張しても、A級戦犯を合祀した靖国神社への首相の参拝は、日本の侵略戦争を正当化するものだとして、その被害を受けた周辺諸国の反発を必ずや呼び起こしてしまう。しかも、このときはアメリカからの反発という新たな事態が生まれた。

この問題をどう解決するか。それは相当の難問である。将来の首相候補者のなかには、自分が首相に就任したら、靖国神社に断固として参拝すると主張している人物もいるが、実際にそれを実行すれば、容易ならざる事態が生まれることは必至である。

旧統一教会のことにしても、問題の解決は簡単ではない。宗教法人としての解散までのハードルはかなり高いからである。宗教法人を所轄する文部科学省が解散請求を行っても、裁判所がそれを認めなければ解散にはならない。過去の事例は、いずれも教団の幹部が刑事事件を起こしたもので、旧統一教会とは状況が異なる。旧統一教会は、民事訴訟で当事者責任を問われてはいるものの、民法上の不法行為は犯罪というわけではない。

たとえ解散が認められたとしても、法人格を奪われるだけで、宗教活動は継続できる。しかも、旧統一教会の場合には、数多くの関連団体が存在しており、そちらは宗教法人ではないので解散の対象にはならない。安倍元首相がビデオ・メッセージを寄せたことで、狙撃犯から教団との密接な関係を疑われた天宙平和連合は国連ＮＧＯである。天宙平和連合とも密接に関連し、旧統一教会と同様に文鮮明が創始した国際勝共連合は政治団体である。政治団体を解散させる手立てはない。

旧統一教会の実態

歴史を振り返ってみれば、一度生まれた宗教が消滅してしまうことはある。

ペルシアに生まれたマニ教は、そこから東西に勢力を広げ、ウイグルでは一時国教としての地位を確保したし、中国にまで伝えられたものの、その後消滅してしまった。

仏教も、インドから周辺の国々に伝えられ、そちらでは定着したものの、インド本国では一時完全に消滅してしまった。

だが、意図して宗教を消滅させようとしても、それがいかに難しいかは歴史が証明している。中国では四回にわたって廃仏《はいぶつ》が行われたものの、仏教が消滅することはなかった。日本でも、明治に元号が変わる時点で廃仏毀釈《きしゃく》の嵐が吹き荒れたが、仏教は消滅の危機にさえ至らなかった。

旧統一教会の消滅を願う人はいるかもしれないが、教団を消し去ることは至難の業である。

ただ、旧統一教会が現在でも隆盛を極め、絶大な影響力を誇っているかと言えば、必ずしもそうではない。

私は、大阪商業大学の行ってきた「生活と意識についての国際比較調査」のおよそ20年にわたる対象者、4万2373人の数をもとに、新宗教教団の信者数を推計してみたが、日本最大の新宗教である創価学会が217万人であるのに対して、旧統一教会は2万2000人だった。

この数字をどの程度信用してよいのかは難しいところがあるものの、他に統計資料がないので、一定程度の意味はある。信者の最低数と考えていいのではないかと思っている。

実際、月刊『文藝春秋』の2022年10月号に掲載された、私も参加した座談会「〈権力と宗教〉統一教会と創価学会」(その後、文藝春秋・編『統一教会　何が問題なのか』文春新書所収)において、旧統一教会の元信者で哲学者の仲正昌樹は、自分が在籍していた1980年代でも信者数は2万人に満たなかったと証言しており、私の推定した信者数を裏づけている。

日本の宗教団体の信者数はバブルの時代、1990年代前半がピークで、その後大幅に数を減らしている。既成宗教、つまりは神道や仏教もそうだが、特に新宗教の場合には減少が著しい。各教団が公表している公称の数、これは文化庁の発行する『宗教年鑑』に示されたものだが、それでさえ大幅減を示している教団が少なくないのだ。

旧統一教会もその例外ではないはずだ。旧統一教会に入信した人間のなかには、1960年代後半から70年代はじめにかけて、左翼の学生運動が盛り上がった時代に、それに反発した者がかなり含まれている。彼らは、いわゆる団塊の世代に属しており、教団の高齢化はかなり進んでいる。2万2000人という数も2010年頃の数字で、現在では2万人を割り込んでいる可能性も十分に考えられる。

旧統一教会の政治力はどれほどか

旧統一教会がさまざまな形で自民党の議員と関係を持つ試みをしてきたことは事実だが、果たして実際の影響力はどれだけのものなのだろうか。

200万人を超える創価学会が、多くの票を稼ぎ出し、公明党の議員、さらには連立を組む自民党の議員が選挙で当選することに大きく貢献してきたことは間違いない。

だが、その100分の1程度の旧統一教会に、絶大な集票能力があるはずもない。教団の関係者は、議員に対して、あたかも大きな力があるかのように見せかけたかもしれないが、多くの信者を抱えているわけではないので、稼ぎ出せる票も限られている。

自民党と旧統一教会の政策に合致するところがあるにしても、それは、旧統一教会が自民党の政策にすり寄った結果であり、旧統一教会の政策が自民党に取り入れられたわけではない。それは、旧統一教会よりははるかに自民党に貢献しているはずの創価学会の考え方や政策が自民党に大幅に反映されていないところに示されている。

そもそも、ここで重要なのは、旧統一教会の考える政治がいかなるものなのかである。一般に政治は、それぞれの人間の利害と深くかかわっている。

たとえば、ある人間が特定の政党を支持するときには、その政党が勢力を拡大し、政権を担うようになれば、自己の利害がそこに反映されると考えるからである。

たとえば、日本医師会は日本医師連盟という政治団体を作り、自民党の候補者の支援をしてきた。そのことを通して医療行政に影響力を発揮しようとしてきたからで、そこには医師としての利害が深くかかわっている。これは、他の圧力団体全般にも言えることである。

では、旧統一教会が政治にかかわる利害はいかなるものなのだろうか。

一連の騒動のなかで、選挙の際に旧統一教会の支援を受けた自民党の議員が一部、教団の示した「推薦確認書」に署名していることが明らかになった。それは、次のようなものである。

「推薦確認書」

一、憲法を改正し、安全保障体制を強化する
一、家庭教育支援法及び青少年健全育成基本法の国会での制定に取り組む
一、『LGBT』問題、同性婚合法化に関しては慎重に扱う
一、アジアと日本の平和と繁栄を目指す「日韓トンネル」の実現を推進する

一、国内外の共産主義勢力、文化共産主義勢力の攻勢を阻止する
以上の趣旨に賛同し、平和大使協議会及び世界平和議員連合に入会すると共に基本理念セミナーに参加する

たしかに、日韓トンネルは、文鮮明の発案によるプロジェクトである。また、共産主義に対抗することは国際勝共連合が結成された目的である。文化共産主義とは、共産主義の価値観にもとづいて家庭を崩壊させる思想としてとらえられている。家庭教育支援法などの制定をめざし、同性婚合法化に反対することは、名称変更された世界平和統一家庭連合の目的に合致している。

しかし、憲法の改正や安保体制の強化となれば、むしろ自民党の長年にわたる政策である。それに、共産主義の攻勢を阻止するといっても、ソ連邦が崩壊し、冷戦に終止符が打たれてからは、この点をめぐる情勢は大きく変わった。あるいは、家庭を重視する考え方も、自民党を含めた保守勢力が主張してきたことで、旧統一教会に独自なものではない。少なくとも、旧統一教会の影響によって、確認書に示されたことが自民党の政策に反映されたわけではない。

冷戦構造に終止符が打たれて

旧統一教会の信者が、自民党の議員の選挙活動を手助けしてきたことは事実である。秘書を送り込むような場合もある。その見返りとして、自民党の議員は、旧統一教会関連団体のイベントに参加し、祝電などを送ってきた。

そうした自民党と旧統一教会の関係は、マスコミには「ずぶずぶ」と評されるが、果たして祝電を送っただけで、そう評価できるものなのだろうか。議員のなかには、相手がいかなる団体であろうと、依頼されれば祝電を送るとしている者もある。

日韓トンネルなどは、日本と韓国を海底トンネルで結ぼうという壮大なプロジェクトで、実現すれば巨額の利権が発生するはずだが、いっこうに実現される気配はない。そもそも不可能なプロジェクトというとらえ方もされている。

勝共連合が発足したのは1968年のことである。その目的は、冷戦下において、ソ連や中国などの共産主義勢力と戦うことにあった。また、日本国内については、日本共産党と対抗する意味があった。

だからこそ、もともと反共思想を持っていた笹川良一が名誉会長になり、岸信介や児玉誉士夫が創立メンバーとなったわけである。保守勢力と勝共連合は、反共運動を展開するという点で共鳴し、特に、国内で共産党を批判し、その勢力を抑えることをめざしてきた。

しかし、笹川はわずか4年で名誉会長の職を退き、勝共連合の運動から手を引いている。それは、彼が全日本空手道連盟の活動に力を入れ、共産圏との交流をしなければならなかったからである。笹川は、反共運動よりも共産圏を含めた国際交流に意義を見出した。そこには、1970年代に入って、左翼の政治運動、学生運動が退潮したことが影響していた。共産主義に対する危機感が薄れたのだ。

1991年末にソ連が解体されると、長く続いた冷戦構造に終止符が打たれた。もちろん、中国や北朝鮮、あるいはベトナムといった共産主義、社会主義の国は存続しており、反共運動がまったく無意味になったわけではない。

だが、世界が共産圏と自由主義圏に二分され、その二つの勢力が拮抗し、世界情勢が両者の対立によって規定される状況ではなくなった。ソ連の解体は、特に当初の段階では、自由主義の勝利として歓迎され、それは反共運動の意義を大きく低下させた。

そうした状況を踏まえ、旧統一教会は、宿敵であったはずの北朝鮮との関係改善に乗り出し、1991年には文鮮明が北朝鮮を電撃訪問し、当時の金日成主席と会談した。韓国の旧統一教会は、宗教団体であるよりも、営利事業の団体としての性格が強いが、それから は北朝鮮での事業に投資するようになっていく。経済的な実利の追求の方が、反共の理念に勝ったとも言える。

神とサタンとの対決

だが、重要なのは、これを旧統一教会の側がどのように解釈してきたかである。そこには、旧統一教会に独自の思想がかかわっている。それは、教団の外側にいる一般の人間には見えないものである。

旧統一教会の元信者で、その後はジャーナリストとして活動する多田文明は、文の訪問が実現されるまで教団の内部において北朝鮮は「サタンの国」と位置づけられていたとする。ところが、教団には「恩讐を愛する」という教えがあり、文が北朝鮮を訪れ、金主席と会談したのは、サタンがメシアの愛に屈服したことを意味し、文は「さすがメシアだ」と信者から賞賛された。この出来事をきっかけに、文が南北統一を実現するのではないかとさえ考えられたという（「文春オンライン」2022年9月15日配信）。

旧統一教会の聖典が「原理講論」であり、そこに記された教えは統一原理と呼ばれる。

それによれば、世界に起こる出来事は、神の側とサタンの側の対立によるものとしてとらえられている。共産主義はサタンの側になるわけで、反共という政治思想と教義とが密接に結びついている。前述の仲正は、旧統一教会の「教義上、共産主義は神と対立するサタンの究極思想だと位置づけられている」と述べている。

神とサタンの対立が世界を動かしている。実はこれは、消滅してしまったマニ教に見られる考え方で、さらにそれは同じくペルシアに生まれたゾロアスター教にまで遡《さかのぼ》る。キリスト教の教義の形成に決定的な影響を与えた古代の教父、アウグスティヌスは、キリスト教に改宗する前、マニ教の信者で、彼の神学のもっとも重要なテーマは〈マニ教に見られる善悪二元論をいかに克服するか〉にあった。

ところが、キリスト教の歴史においては、くり返し善悪二元論の思想が出現した。というのも、この世に起こる悪を説明するには、善悪二元論の方が説明がしやすいからである。善悪二元論を否定すると、なぜ絶対の善である神が創造した世界に悪が存在するのかという難問を解かなければならない。

キリスト教のなかに生まれてきた善悪二元論は、異端というレッテルをはられ、排除されてきた。悪名高い異端審問なども、そうした異端を撲滅するための試みだった。

アウグスティヌスの流れを汲《く》む現在のカトリック教会からすれば、神とサタンの対立で世界を説明しようとする旧統一教会は異端になる。だが、旧統一教会はカトリック教会に属しているわけではないので、異端として処罰されることはない。

さらに旧統一教会では、韓国と日本の国家を、神側とサタン側に分ける。韓国は神側のアダム国家で、日本はサタン側のエバ国家だというのだ。韓国と近い日本は、本来なら韓国を助けるべきだったのに、植民地化し、韓国を破壊した。日本国民はその罪を贖《あがな》わなければならない。原罪と贖罪の強調も、アウグスティヌスが説《と》いたところだが、旧統一教会はそれを日韓の国家間の関係に応用し、日本人から霊感商法で金を巻き上げ、高額献金を強制することを正当化するために活用してきたのだ。

新宗教の「幻想の政治学」

このように、統一教会の論理は特殊である。キリスト教の影響が色濃く、その教義を独自に解釈しているが、反共の思想も、そうした宗教的な教えと密接不可分の関係にある。そして、文はメシアとして信仰の対象になっている。

ただ、文は2012年に亡くなっている。その後を、妻の韓鶴子が継いだが、信者は文が亡くなった後も霊界で活動していると信じている。旧統一教会の関連団体が行ったイベントは、霊界にある文の働きによるものとされ、その成功は、神側がサタン側に勝利した証拠としてとらえられているのである。

一般の人間は、旧統一教会の言うサタンなどは存在せず、世界の出来事が神の側とサタンの側の対立によって起こっているとは考えない。そうした見方を知ったとしても、常識から逸脱しており、到底認められないと考えるであろう。

それぞれの宗教には特殊な前提があり、信者はそれを信じ、絶対の真理だととらえているが、信仰を共有しない人間は、そこに普遍性を認めたりはしない。

その点で、旧統一教会の政治戦略というものは、一種の幻想であるとも言える。それは、旧統一教会だけに当てはまることではない。これから見ていく新宗教の政治戦略は、「幻想の政治学」にもとづくものなのである。

幻想の政治学は、それぞれの新宗教の教祖が説き、信者の頭のなかに形作られたものである。外からは見えないが、信者はそれに従って行動している。

その点を理解しなければ、新宗教と政治との関係はわからない。

もちろん、新宗教以外の集団の政治戦略にも、多分に幻想という面がある。カール・マルクスは、彼以前に唱えられた社会主義を空想的社会主義と呼び、観念的なものと批判したが、マルクス主義自体にもそうした面はある。

ただ、新宗教になれば、それが宗教であるだけに、目に見えない神仏という存在がかかわってくる。そうした超越的な存在は、マルクス主義では基本的に想定されない。宗教が考える政治は、一般の人々が考える政治とは大きく異なるのだ。

戦後における新宗教と政治の関係を見ていく上で、幻想の政治学を考慮することは不可欠である。それは、現実とはまったく異なる世界を想定し、信者をその世界の実現へと駆り立てていく。

旧統一教会の信者に選挙活動を手伝ってもらった自民党の議員は、もちろんのこと、そうした幻想の政治学について知らないし、その存在に気づいていない。だが、信者は、選挙活動を手伝うことが神の側の勝利に貢献するものと信じている。

推薦確認書に署名した自民党の議員も、自らの行為がサタンの側を撲滅する行為に結びつくと考えられているとは想像もしていない。

だが、幻想の政治学は旧統一教会の信者の行動に影響を与えてきたわけで、それは幻想ではなく、現実のことである。

幻想の政治学が現実の政治といかなる形でかかわってきたのか。それを戦後史、さらには近代史の流れのなかでとらえていこうというのが、この本のめざすところなのである。

第1章

天皇に代わる新宗教の教祖たち

GHQ占領政策の要となった神道指令

第二次世界大戦に敗れた日本は、占領という事態を経験することとなった。これは日本にとって初めての出来事である。

鎌倉時代、モンゴル帝国の宗主国である元が、支配下においた高麗とともに日本に攻めてきた。蒙古来襲である。最初は1274年の文永の役で、二度目は1281年の弘安の役である。元は、1271年に誕生したばかりの中国の征服王朝で、帝国としての特徴は、版図《はんと》を広げた上、徹底した収奪を行ったところにあった。これは、帝国を運営する上では問題で、だからこそ元は100年も続かず滅んでしまった。

もし日本が元に敗れ、その支配下におかれたとしたら、それは元が滅びる1368年の近くまで続いたであろう。ロシアは、やはりモンゴル帝国の一つ、キプチャク・ハーン国の支配を250年にわたって受け、それは「タタールの軛《くびき》」と呼ばれるが、鎌倉時代の日本も「元の軛」を経験していたかもしれない。ここで蒙古襲来のことにふれたのは、日本が占領された可能性を示すとともに、その出来事が新宗教にも影響を及ぼしているからである。ただ、そのことについては第3章で述べることになる。

戦後の日本を占領したのは戦争に勝利した連合国で、そのうち11カ国で構成された極東委員会だった。その出先機関として日本におかれたのがアメリカ、イギリス、中国、ソ連からなる対日理事会で、この組織が連合国軍最高司令官をコントロールするという体制が作られた。ただ、実権を握ったのは最高司令官とその下の連合国軍総司令部（GHQ）であり、アメリカのダグラス・マッカーサー元帥が最高司令官に就任したことで、占領政策の中心はアメリカが担った。イギリスもそこに関与したが、その担当地域は中国、四国地方に限られた。

マッカーサーは、終戦から間もない1945年8月30日に厚木基地に降り立つ。厚木基地と言えば、現在ではアメリカ軍の軍用飛行場のイメージが強く、海上自衛隊と共同で使用しているが、第二次世界大戦中は帝国海軍の拠点であり、帝都と呼ばれた東京防空の役割を担う最重要の基地だった。マッカーサーは、厚木基地を「わざわざ選び、武装解除させて、ここに着陸し、勝者の姿を見せつけ」ることで占領を開始したのだった（御厨貴、牧原出・共著『日本政治史講義——通史と対話』有斐閣）。

それから一月も経たない45年9月27日、マッカーサーは、来訪した昭和天皇と会見し、

1945年９月27日、連合国軍最高司令官マッカーサー元帥を訪問した昭和天皇（米大使館にてGHQカメラマン、ジターノ・フェイレイスが撮影）。

天皇から占領に対する全面的な協力を得る。それに先立ってＧＨＱが22日に発表した「降伏後に於ける米国の初期の対日方針」においては、ＧＨＱの指示の下で日本政府が行政事務を遂行する間接統治方式の採用が表明された。具体的な方針としては、日本の非軍事化、戦争犯罪人の逮捕、基本的人権の保障、農地改革、労働組合の組織化、財閥解体などが示された。

占領政策の基本は、日本が二度と無謀な戦争に打って出ないようにすることにおかれたが、宗教の面についても、戦前の体制を大きく変えるものだった。ＧＨＱは１９４５年12月15日、日本政府に対して「神道指令」を発している。神道指令の正式の名称は、「国家神道、神社神道ニ対スル政府ノ保証、支援、保全、監督並ニ弘布ノ廃止ニ関スル件」であった。戦前の宗教体制をさして「国家神道」という表現が広く使われるようになるのは、この神道指令からである。

神道指令においては、戦前は国によって保護されていた神社に対して、国家をはじめ地方公共団体などの公的な機関が、支援や監督、あるいは財政的な援助を行うことが禁止された。主要な神社の神職は公務員として処遇されていたが、それも廃止された。戦前における神社は、国民がこぞって尊び祀るべき「国家の宗祀《そうし》」と位置づけられ、宗教の枠から外されていた。神社を監督していた内務省の外局である神祇院《じんぎいん》も廃止され、国家主義的、軍国主義的なイデオロギーを宣伝、弘布することも禁じられた。1937年に文部省教学局が刊行し、国家神道の聖典の役割を果たした『國體《こくたい》の本義』のような書物の頒布《はんぷ》も禁じられ、「大東亜戦争」や「八紘一宇《はっこういちう》」といった、戦意発揚のスローガンとして用いられたことばを公文書で使用することも禁止された。

神の座を下りた天皇

明くる1946年元日の各新聞は、第一面に天皇の詔書を掲載した。この詔書が、いわゆる「人間宣言」と呼ばれるものである。

そのなかで天皇は、「朕ト爾等《なんじら》国民トノ間ノ紐帯《ちゅうたい》ハ、終始相互ノ信頼ト敬愛トニ依リテ結バレ、単ナル神話ト伝説トニ依リテ生ゼルモノニ非《あら》ズ」と述べ、戦前の天皇と国民との関係を否定した上で、「天皇ヲ以テ現御神《あきつみかみ》トシ、且《かつ》日本国民ヲ以テ他ノ民族ニ優越セル民族ニシテ、延《ひい》テ世界ヲ支配スベキ運命ヲ有ストノ架空ナル観念ニ基クモノニモ非ズ」と、自らが『國體の本義』で強調された現御神であることを否定するとともに、天皇を戴く日本が他の国に対して優れているとする考え方についても「架空ナル観念」と否定した。これは、GHQの意向にもとづくものだった。

ただ、国家神道体制の解体はめざされたものの、皇室祭祀や靖国神社は廃止されず、戦後も存続した。どちらも、明治時代になって国家神道の体制が確立されていくなかで生まれたものである。皇室祭祀は天皇家の私的な信仰として容認された。靖国神社も戦前は陸軍と海軍が管轄する国の施設だったが、神道指令の直後の12月28日に勅令として定められた宗教法人令によって民間の宗教法人として存続することになった。

占領という事態は、1952年4月28日に「サンフランシスコ平和条約」（正式な名称は「日本国との平和条約」）が発効されることで終わりを告げる。だが、それによって宗教の面で占領前の体制に戻ったわけではなかった。国家と神社との関係は断ち切られたままで、神祇院のような神社を管轄する国の機関が復活することはなかった。

それも、大日本帝国憲法を改正する形で、1946年11月3日に公布され、1947年5月3日に施行された日本国憲法において、信教の自由と政教分離の原則が確立されたからである。その20条は、次のようになっている。

1 信教の自由は、何人に対してもこれを保障する。いかなる宗教団体も、国から特権を受け、又は政治上の権力を行使してはならない。

2 何人も、宗教上の行為、祝典、儀式又は行事に参加することを強制されない。

3 国及びその機関は、宗教教育その他いかなる宗教的活動もしてはならない。

信教の自由は、大日本帝国憲法でも規定されていた。ただし、「日本臣民ハ安寧秩序ヲ妨ケス及臣民タルノ義務ニ背カサル限ニ於テ信教ノ自由ヲ有ス」(第28条)と条件付きだった。日本国憲法では、そうした条件は一切つけられていない。

政教分離の原則の確立は、戦前の国家神道体制を念頭においたもので、そうした方向にむかうことを予め防止することを主眼としていた。この政教分離の原則については、戦後、そのあり方についてさまざまな形で議論を呼ぶことになるのだが、当初は、日本の非軍事化に資することが根本の目的であった。

新宗教の時代を生んだ信教の自由

このように、宗教をめぐる状況は、戦前と戦後では大きく変わった。それは、新宗教が活発に活動を展開する余地を生むことになった。

何より無条件で信教の自由が保障されたことは大きい。しかも、宗教法人令は、宗教法人を組織することをひどく容易にしたのである。

宗教団体を管理するための法律は、大日本帝国憲法が公布、施行されて以降、その制定がめざされるようになる。ところが、宗教界からの反発は根強く、宗教団体法が制定されたのは、すでに戦時体制に入った1939年のことだった。この法律によって、宗教教団は「宗教団体」と「宗教結社」に区別された。宗教団体は、文部大臣もしくは、今日の知事にあたる地方長官の認可を得た教団で、宗教結社はそうした認可を得ていない教団のことをさした。

宗教団体は、所得税や、今日の固定資産税にあたる地租を免除されると規定されたが、その活動が「安寧秩序ヲ妨ゲ又ハ臣民タル義務ニ背ク」ときには、制限や禁止を受け、さらには認可を取り消されることがあると定められた。この法律の目的が宗教教団の国家管理にあることは明らかである。

しかも、戦前には不敬罪と治安維持法が存在した。不敬罪は、皇室などに対する不敬行為を取り締まるもので、治安維持法は、もともとは国体の転覆をめざす共産主義者を取り締まるものだった。だが、どちらの法律も、宗教教団の弾圧や取り締まりに頻繁に活用された。この二つの法律も、日本の敗戦とともに廃止された。

宗教法人令の場合には、信教の自由を保障するために、届け出さえすれば、宗教法人として認められる形がとられた。そうなると、宗教法人には課税されないため、脱税を目当てに届け出をするケースが相次いだ。この点は、1951年に宗教法人令が廃止され、宗教法人法が施行されることで改められる。たんなる届け出ではなく、文部省や都道府県の「認証」を必要とするようになったのだ。

それでも、宗教教団をめぐる法的な環境が大きく変わったことで、新宗教が自由に活動を展開できるようになったことは決定的に重要だ。既成宗教、特に寺院や神社の場合には、

GHQの行った農地改革によって小作に出していた土地を奪われ、経営環境が悪化したところも少なくなかったが、そこにも新宗教が台頭していく余地が生まれた。「新宗教の時代」が訪れたのである。

双葉山も入信した璽宇

そのなかで、敗戦後の占領期ならではと言える特色のある新宗教が登場した。その代表が璽光尊《じこうそん》を教祖とする「璽宇《じう》」である。

この璽宇をめぐって事件が発生したのは、1947年1月21日深夜のことで、当時金沢にいた教団は、地元の金沢玉川署の取り締まりを受けた。

この取り締まりが大騒動になったのは、璽宇の信者のなかに、昭和の大横綱、双葉山が含まれていたからである。取り締まりの翌日の北国毎日新聞は、「遂に〝璽光尊〟検束　双葉山ら最後の大あばれ　鏑木玉川署次席（柔道四段）の殊勲」と報じた。事件の内容については朝日新聞が詳しく報じているが、それは次のようなものだった。

双葉山関は国民服の上にジャンパー、巻ゲートル、防空ずきんというものものしいいでたちで階上の神前で鏑木隊長と押し問答していたが、ラチがあかずと見るや一尺六寸余の太鼓のバチであばれ始めたので殺気立ち、柔道四段の鏑木警部はヤニワに天下の横綱にいどんで左四つ、むんずと組付きよってたかってようやく組み伏せ、大力をくじかれたころ警官隊に抱えられて消防自動車に運び込まれそのまま玉川署へ持って行かれた。

高飛びに先手うち
璽光さま を検挙
双葉、警官と立まわり

「〝璽光さま〟を検挙　双葉、警官と立まわり」と璽光尊事件を報じる朝日新聞（1947年1月23日付朝刊）の一部。

たしかに、北国毎日新聞が伝えるように双葉山は「大あばれ」している。双葉山が現役を引退したのは1945年11月場所のことであり、この事件はそれから間もなく起こった。双葉山には横綱としての力がまだ残っていた。

双葉山は、もともと日蓮宗の熱心な信者で、信仰の世界に関心を持っていた。その双葉山を璽宇に結びつけたのは、囲碁の名人だった呉清源《ごせいげん》で、彼は戦時中から璽宇の有力な信者になっていた。しかも、夫人の中原和子は、神憑《がか》りして神示を伝えるなど、教団のなかで重要な役割を果たしていた。

双葉山が呉に導かれて、当時東京杉並区関根町（現・上荻）にあった璽宇を訪れたのは、金沢での事件が起こる2カ月前の1946年11月27日夜のことだった。双葉山は、日本の敗戦に衝撃を受け、それが璽宇への関心に結びついたと言われる。双葉山は、事件の翌朝、朝日新聞の記者にもらい下げられ、説得されて、璽宇を離れることとなった。

ではなぜ、璽宇は警察の取り締まりを受けたのだろうか。そこには、警察の面子がかかっていた。というのも、警察は璽宇に出し抜かれ、手痛い失敗を犯していたからである。

天皇の代わりとなった璽光尊

璽宇の前身となったのは、鉱山関係の実業家で、神道系の行者であった峰村恭平を中心とした「篁道大教《こうどうだいきょう》」という教団であった。篁道大教は、1941年に璽宇と改称するが、その時点で、二つのグループがそこに加わった。

一つは、大正時代と昭和前期に二度にわたって弾圧を受けた神道系の新宗教教団、大本《おおもと》系の人脈に連なるグループだった。そのなかに呉も含まれていた。呉は当時、中国の「世界紅卍字会道院《こうまんじ》」の信者であった。世界紅卍字会道院は、大本が連携した慈善団体「世界紅卍字会」の宗教部門である。呉が結婚した中原和子は峰村の親戚だった。呉は璽宇の結成当初からこの教団にかかわっていた。

もう一つのグループが、やがて璽宇の教祖となって「璽光尊」と称する長岡良子《ながこ》を中心としたグループで、良子は真言密教系の霊能者として病気治しなどを行っていた。良子の信者のなかに鉱山関係の事業をしている人間がいて、その縁で峰村と知り合った。峰村が病に陥ったことで璽宇から退き、良子がその後継者となったのだった。

1946年、インタビューに応じる璽宇の教祖「璽光尊」こと長岡良子氏。

金沢の事件が起こった後、璽光尊は、金沢大学の精神科医、秋元波留夫《はるお》による精神鑑定を受け、妄想性痴呆と診断された。今日の精神医学では、妄想性障害とされるかもしれない。あるいは統合失調症の可能性も考えられる。神憑りする教祖の場合、精神医学の観点からすれば、精神の病を抱えているものと見なされるのが通例である。

それが妄想によるものであるかどうかはともかく、璽光尊に、本書の序章で述べた独自の「幻想の政治学」があったことは事実である。

戦時中の璽光尊には国粋主義の傾向が強く、皇室を崇拝していた。けれども、日本の敗戦が濃厚になると、生き神としての自覚を持つようになり、自らが現人神としての天皇を補佐することで、八紘一宇の理想世界が実現すると考えるようになった。

ところが、日本は戦争に負け、さらに昭和天皇は人間宣言を行い、現人神（現御神）としての地位を下りてしまった。そこで璽光尊は天皇に代わって自らが世直しを行おうと考えるようになり、璽宇のある場所を「皇居」と呼び、引っ越しを「遷宮」と呼ぶようになる。家具や日常使う物にも天皇家の家紋である菊の紋章をつけた。璽光尊は腰巻きにまで菊の紋章を染め抜き、親政を行うための内閣も組織した。天皇が現人神の地位から下りたことで生じた空白を、璽光尊は埋めようとしたのである。

璽宇では、自分たちの存在を外部にむかってアピールするために、「行軍」あるいは「出陣」を行った。第1回の出陣は1946年3月6日に行われ、璽宇の人々は、教団のシンボルとなる天璽照《てんじしょう》妙《みょう》の幟を立て、「天璽照妙」と唱えながら、皇居前や靖国神社、明治神宮をめぐった。5月からは、「霊寿《れいじゅ》」という独自の年号を使うようになる。世間で使われる年号は天皇が定めるものである。ここにも、璽光尊が天皇に取って代わろうとする意志が示されている。

マッカーサーに参内を呼びかけた二度の出陣

璽宇が大胆だったのは、こうした出陣がGHQにまで及んだことである。文献によって、GHQへの出陣を二度とするものもあれば、三度とするものもあるが、第1回については、上之郷利昭『教祖誕生』（講談社文庫）と加藤康男『双葉山の邪宗門――「璽光尊《じこうそん》事件」と昭和の角聖』（草思社）による。

1946年5月22日、マッカーサーが日比谷のGHQから宿舎のアメリカ大使館にさしかかったとき、突然、二人の日本人女性が振り袖姿、ないしは巫女姿に日の丸の扇子を広げ、マッカーサーの乗る車の前に躍り出た。

驚いた運転手が急ブレーキを踏むと、女性の一人は、「プレゼント、プレゼント」と連呼しながら、マッカーサーに紙切れを手渡した。その間、もう一人の女性は、「天璽照妙、天璽照妙」と叫びながら、車の周囲を踊りながら回っていた。

知らせを聞いて現場にやってきた日本の警察とアメリカ軍のMPは、異様な光景にあっけにとられ、すぐには手が出せなかった。マッカーサーが受け取ったのは、璽宇で言うところの「御神示」で、そこには、「汝を大国主命に任命するからして、スターリン、トルーマン、毛沢東、そして双葉山、呉清源ら世界三十傑の一人として世直しに専念せよ」とあり、璽宇の皇居に参内するよう命じていた。この二人の女性こそが中原和子と、その妹叶子だった。車に乗り込んだのが和子である。

梅原正紀による「璽宇」（出口栄二・他編『新宗教の世界 4』大蔵出版）では、同じ1946年5月のこととして、違う出来事にふれている。加藤の著作では、これを同年6月5日のこととする。

御神示の内容も異なっており、「世界真和ノ聖代ハ宇宙大生命ノ大霊天照皇大神ニ帰結シ」ではじまり、マッカーサーを「神将」と呼んで、「神将ハマタ神意ヲ奉セサルヘカラス／来レ璽宇ニ／受ケヨ璽ノ光ヲ」と参内を呼びかけるものだ。

中原姉妹はやはり振り袖姿で総司令部を訪れた。どうしたわけか見張りのMPには阻止されず、マッカーサーのいる総司令部室にたどりついた。ドアを開けようとすると、護衛の兵士にとがめられた。そこには通訳が呼ばれ、「帰れ」、「帰らない」の押し問答がくり返されたが、偶然か、騒ぎを聞いてか、マッカーサーが部屋から出てきた。「進呈」と言って、御神示をつきつけると、マッカーサーはそれを受け取り、「サンキュウ」と言って、部屋に戻った。その光景を見て、和子であろう、「ほら御覧なさい。マッカーサー総司令官は待ってたじゃありませんか」と言い、周囲の人間が唖然とするなか、意気揚々と引き揚げていったという。

こうした出来事はセンセーショナルなものだったが、言論統制が敷かれていたため、新聞では報道されなかった。だが、信者による口コミで広がり、信者を増やす一因にもなったという。壮挙として受けとめる人間もいたらしい。これで警察は面子をつぶされたことになり、GHQに命じられて璽宇の取り締まりを行ったのだった。

璽宇の世評と衰退

璽宇が金沢へ移ったのは、杉並区関根町の住宅を資金不足で買い取ることができず、家賃まで溜めてしまい、家主から追い出されたためだった。

ところが、金沢では、璽光尊が双葉山や呉清源を引き連れ、街を「天璽照妙」と唱えながら練り歩き、神楽舞を披露したことで大いに注目を集めた。なにしろ双葉山は天下の大横綱であり、体格も大きく、それだけでも目立った。

梅原によれば、「噂を聞き、伝手をたどって御神家を訪れた人たちは、菊の紋章で飾りたてられた住居をみてドギモを抜かれてしまった」という。そこで、天皇陛下より偉い神様らしいと、供物を持って訪れる人間が続出したという。

それでも、警察の取り締まりを受け、双葉山だけではなく、呉清源の方も、読売新聞の専属棋士であったため、読売新聞から説得されて璽宇を去ってしまい、その人気は急速に失われていく。

金沢を去った後の璽宇は、各地を転々とし、最終的には横浜の港北区下永田町に落ち着く。それから以降の璽宇は、それほど目立った活動を展開することなく、小規模な宗教集団として存続した。

ただ、騒動もおさまった1956年に入信した山田専太という人物を通して、璽宇は海外へ広まる。山田は、柔道と合気道の師範で、ロンドンのスコットランド・ヤードで教えた際に、璽宇の天璽照妙も教え、それが「ハーモニー・オブ・スピリット（精神の調和）」

に結びつくことを示した。そこから、山田の弟子や孫弟子のなかに、璽宇に関心を持つ外国人が現れ、彼らは日本までやってきて、璽宇を訪問するまでになった。

また、平凡社の創業者だった下中弥三郎も、璽宇に共感し、そのスポンサーになったことがあった。下中は、大本が1935年に二度目の弾圧を受ける前に、『出口王仁三郎全集』を企画し、刊行している。この全集は、全8巻で、1巻600ページを超す大部なものであったが、新宿の紀伊國屋書店では、幟旗を立てて大々的に販売された。それは、全国で数万部も売れたというが、下中の璽宇とのかかわりも、こうした大本との関係がもとにあったからかもしれない。

下中は、「璽光尊の印象はいずれも世に言われているような妄想狂や非常識ではなく、世直しの烈々たる理想を説く神策は実に整然としていて、傾聴に値するものがある」と高く評価していた。

ほかにも、川端康成や亀井勝一郎、金子光晴といった当時の著名な文学者が璽光尊のもとを訪れた。亀井も、璽宇のことを「営利主義におかされていない純粋な宗教集団」と評していた（前掲『教祖誕生』）。

ただ、1984年に璽光尊が81歳で亡くなり（資料によっては83年に80歳で亡くなったとするものもある)、さらには山田が教団を去ると、璽宇の活動は停滞し、世間からは完全に忘れ去られてしまった。

上之郷が書いた璽宇についての記事は、最初、『新潮45』の1986年3月号に「教祖誕生・どっこい生きていた璽光尊教」として掲載されたものである。タイトルが示すように、86年の時点では璽宇は下永田町に存続していた。しかし、それからは璽宇の動向を伝えるような記事は発表されていない。自然消滅してしまったのではないだろうか。

天皇が璽光尊に大政奉還する霊寿維新

璽宇の政治思想で注目されるのは、霊寿と年号を改めた際に制定された「霊寿の臣・十戒」という戒律である。その一部は、次のようになっていた。

一、天照皇大神様ヲ拝スヘシ
一、天皇陛下ヲ拝スヘシ
一、神命ヲ奉ズベシ
一、四恩ニ感謝スヘシ

一、反省スヘシ
一、滅私タルヘシ
一、臣民道ヲ実践スヘシ
一、真ト仁ヲ施セ
一、世界人類皆和ヲ期セヨ

全体に、戦前に盛んに説かれた倫理道徳が多く含まれているが、最初に出てくる「天照皇大神様」は璽光尊のことである。璽光尊が天皇とともに崇拝の対象となっているわけだが、天皇は璽光尊の下に位置する「天責者」の筆頭に位置づけられている。

この十戒を紹介している梅原は、璽光尊には天皇や戦前の天皇制に対する郷愁があり、それが「その世直し思想のアキレス腱」になっていると評しているが、この点は極めて重要である。

古代における天皇は、武力によって日本を制圧した支配者であった。ただし、歴史が進むにつれて、権力者ではなくなり、むしろ権威として奉られる存在に変化していった。現実の政治は、摂関家をはじめとする公家や、平安時代末期以降に台頭する武家が担うようになる。天皇は神輿として担がれる存在になったのだ。

それでも、政治的な秩序を形作る上で重要な官位を授ける権限は天皇にのみ許されるもので、公家も武家も、支配者としての地位を正当化してくれる存在として天皇を必要とした。江戸幕府は禁中並公家諸法度を公布して、天皇を実質的に支配する体制を確立したものの、明治になると天皇親政が実現され、大日本帝国憲法では、その神聖性が強調された。日本の敗戦によって、天皇は、戦時中に強調された現人神の地位から下りたわけだが、日本国憲法では、日本国の象徴として位置づけられ、依然として特別な地位を与えられている。天皇の国事行為は、内閣総理大臣や最高裁判所長官の任命にまで及んでいる。もちろん内閣の助言と承認を必要とするが、天皇以外に（摂政が設けられれば別だが）、国事行為を果たすことはできない。天皇不在の状況が生まれ、摂政も設けられなければ、日本国は機能しなくなる。

それだけ天皇という存在は重要である。天皇が元首や君主であるかどうかについては議論があるものの、外交上、諸外国からは君主としての扱いを受けている。

なぜ天皇が日本国の象徴であるのか。日本国憲法では、国民の総意によるとされているものの、その究極の根拠は、『古事記』や『日本書紀』に語られた神話に求めるしかない。

そこでは、天皇は祖神である天照大神の系譜を引くものとされている。

新宗教が信仰の対象とする神が、こうした天皇と、あるいはその背景にある天照大神とどのように関係するかは、新宗教にとって極めて重要で、根本的な問題である。

璽宇では、璽光尊が天照大神（十戒で言われる天照皇大神様）そのものとされ、天皇はその下に位置づけられたものの、どちらも信仰の対象とされ、曖昧な部分が残った。

上之郷によれば、霊寿2年、つまりは1947年には天変地異が起こって、霊寿維新が行われ、富士の裾野に造営される璽宇の壮大な宮殿に、天皇が三種の神器を奉じて参内し、璽光尊に大政奉還するという予言がなされたという。マッカーサーに対する参内の呼びかけも、日本を統治する神である璽光尊の立場を確固としたものにしようとする試みであったと解釈できる。そこにこそ璽宇の幻想の政治学の核心があったのだ。

踊る宗教と歌説法

それは、璽宇と同時期に世間の話題になった天照皇大神宮教《てんしょうこうたいじんぐう》の場合についても共通して見られる。

天照皇大神宮教の登場も、かなりセンセーショナルなものだった。

1948年９月８日、東京・銀座の数寄屋橋公園で「無我の舞」をする20人ばかりの老若男女。

それは１９４８年9月8日のことで、東京のど真ん中にある数寄屋橋公園に天照皇大神宮教が出現した。その模様を、翌日の朝日新聞は次のように報じている。

「ナニワ節みたいであり、筑前ビワのごときところもある奇妙なフシ回しで老若男女とりまぜて20名ばかり、無念無想の面持よろしく踊りまくる図には銀座マンも笑っていいのか、カナシンでいいのかポカンと口を開けての人だかり……」だったというのだ。

天照皇大神宮教の教祖である北村サヨは、その月の末に神田の共立講堂で説法会を行っている。サヨは当時48歳で、信者からは「大神さま」と呼ばれていた。彼女の説法は、新聞が報じるようにナニワ節を思わせる歌説法

山口・下関市で天照皇大神宮教の信者たちが「無我の舞」を踊る風景。(1949年撮影)。

で、それが延々4時間も続いた。その間、サヨは水も飲まず、ぶっ通しで歌説法を行った。一度、映像でそれを見たことがあるが、男物の黒いスーツを着た彼女のパフォーマンスからは、強烈な印象を受けた。
歌説法の内容は、「蛆の乞食よ目を覚ませ。天の岩戸は開けたぞ。早く真人間に立ち帰れ。神の御国は今出来る。真心持ちほどバカを見る。思うた時代は、早や済んだ。崩れた世の中、おしまいですよ。敗戦国の乞食らよ。早よう目を覚ませ。お目々覚めたら、神の国。居眠りしておりゃ、乞食の世界」といったもので、敗戦直後の日本の世相を風刺し、神の国を打ち立てる世直しを訴えていた。

サヨは、蛆や蛆の乞食といった表現をよく使った。それは利己心に固まり、神のことを理解できない人間をさす。この世界に起こる現象は、すべて神がかかわっていることから「神芝居」と呼ばれた。自らのことは、「女役座」と称した。信者たちの踊りは、「無我の舞」と呼ばれ、戦前から戦後にかけて新宗教について精力的に取材を行った大宅壮一は、天照皇大神宮教を「踊る宗教」と呼んだ（『大宅壮一全集　第4巻』蒼洋社）。

新聞には、数寄屋橋公園での当日の様子を撮影した写真も掲載されたが、無我の舞と呼ばれただけあって、それに興じる女性信者たちは、皆、恍惚とした表情で舞っていた。その周囲には、舞っている女性たちにむかって手を合わせる男性信者もいた。さらにその外側では、一般の人たちが無我の舞を見つめている。一般の人たちの表情は意外に真剣で、食い入るように見つめているのが印象的だ。記事に書かれているのとは異なり、馬鹿にして笑っているような人間は一人もいなかった。

教祖北村サヨの誕生

サヨが踊る宗教の教祖になるまでの経緯は、次のようなものである。

サヨは1900年の元日、山口県柳井市の農家に生まれた。母親は浄土真宗の信者で、信心深い女性だったと言われるが、格別宗教的な環境で育ったわけではない。サヨは、1920年に隣町になる田布施《たぶせ》の北村清之進と結婚した。清之進は、一時、ハワイに移民していたことがあった。山口県はハワイへの移民が多い地域で、のちに天照皇大神宮教がハワイに進出するのも、そうした地理的な環境が影響していた。

1963年９月27日、山口・田布施で説法をする「踊る宗教」の北村サヨ氏。

姑は吝嗇《りんしょく》家《か》で、その折り合いにサヨは苦労した。しかも、姑は1940年に91歳で亡くなるまでの3年間、寝た切りで、サヨはその介護にあたらなければならなかった。
姑の介護から解放された1942年7月、家の離れ、ないしは納屋で不審火があった。サヨは、その原因を突き止めようとして祈禱師のもとを訪れ、深夜に神社を訪れる丑の刻参りなども行った。そんななか1944年には、祈禱師から生き神になると告げられる。その予言の通り、5月4日には、肚のなかに何ものかが入り込み、しゃべり出すという体験をする。

サヨは、肚のなかに入り込んだものと話をするようになるが、それは命令を下すようになり、サヨがその命令を拒むと、体が痛んだ。命令にしたがうと、痛みは消えた。やがて、肚のなかのものは、サヨの口を使って直接語り出すようになる。そして、天照皇大神宮という神であり、宇宙を支配する神であることを明かす。そして、戦後サヨが公衆の面前で実践したように、蛆の世の中に対する厳しい批判をするようになった。

肚のなかに神が宿ったということは、サヨ自身が神であることを意味し、彼女は生き神として人々の信仰を集めるようになる。サヨに伺いをたてると、よく当たり、サヨに祈れば、病気が治るとも言われるようになる。

教団の集まりでは、最後に、「御祈の詞」を唱えるが、それは次のようなものである。

天照皇大神宮　八百万の神
天下太平　天下太平

国民揃うて天地の御気に召します上は
必ず住みよき神国を与え給え
六魂清浄　六魂清浄
我が身は六魂清浄なり
六魂清浄なるが故に
この祈りのかなわざることなし
名妙法連結経
名妙法連結経
名妙法連結経

天照皇大神宮とは、伊勢神宮の内宮の名称で、天照大神を意味した。名妙法連結経は、明らかに南妙法蓮華経の題目に由来するが、呪文のような唱えことばで、法華経信仰とは直接の結びつきを持っていない。ただ、これを唱えると、信者のからだが勝手に動き出す、「霊動」が起こるとされている。

「総理大臣として使ってやるわい」

璽光尊も、自らを天照大神と称した。その点で、サヨと共通する。サヨは、璽光尊とは違い、菊の紋章を用いたりはしなかったが、人間宣言によって現人神の座を下りた天皇の代わりとなった点では共通する。しかも、サヨに入り込んだ神は、宇宙全体を支配する神であると主張した。その証として、天皇の人間宣言が発表された1946年元日から、神の国の紀元元年という独自の年号を用いるようになった。これは璽宇独自の年号である霊寿と共通する。

こうしたサヨ独自の宗教観が、現実の政治とかかわる場面があった。

サヨが嫁いだ田布施は、天照皇大神宮教の本部が設けられた場所であるが、戦後の政治史を考える上でもかなり重要な地域だった。というのも、岸信介、佐藤栄作という二人の総理大臣が生まれた場所でもあるからである。二人は兄弟である。しかも、安倍元首相は岸の孫であり、選挙区も山口県だった。山口県は、かつての長州藩であり、明治維新の立役者となったことで、多くの総理大臣を輩出してきた。安倍元首相の政治力の背景には、長州藩の威光が働いていた。

そうした地理的関係もあり、サヨと岸との間には、いくつかの接点があった。

岸は敗戦後、A級戦犯容疑者として巣鴨拘置所に収監される。戦時中、軍需省の次官を務めていたからである。岸は巣鴨に入る前、郷里に戻ってきた。戦犯は死刑の可能性があり、死を覚悟していたものと思われる。

そのとき、サヨが岸の滞在している実家までやってきて、「3年ほど行ってこい。魂を磨いたら、総理大臣として使ってやるわい」と言い放ったのである。これには、岸の親戚一同驚いたようだが、明るい未来を予想させる予言でもあった。

実際岸は1948年のクリスマスイブ、巣鴨拘置所から釈放された。収監されたのが45年9月からのことなので、まさに3年間「魂を磨いた」ことになる。しかも、釈放から8年3カ月が経った57年2月には、第56代の総理大臣に就任している。

サヨの側近だった崎山了知は、岸が総理大臣になると、サヨは米から味噌、野菜まで持って上京し、官邸で岸と面会すると、「どうだ、岸、オレが言うた通りになっちゃろうがア」と言ったと述べている。それに対して岸も、「お蔭をもちまして」と応えたらしい。

こちらは前掲の上之郷利昭による『教祖誕生』に述べられていることだが、「昭和宰相列伝6　岸信介、池田勇人（1957~1964）」というNHKの番組には、総理大臣になった岸が田布施に帰省したときのことが記録されている。それを見ると、地元は神輿が出るなどお祭り騒ぎで、サヨはバイクの荷台に乗って岸のもとを訪れている。そして、祝いのことばを述べるのだが、それは「あんたは国を治めなさい。わしは世界を治める」というものだった。

サヨの上京と岸の帰省の前後関係は不明だが、天照皇大神宮としてのサヨには、日本だけではなく、世界の統治者としての自覚があり、その立場から岸を激励している。サヨが自らと天皇との関係をどのように考えていたかはわからないが、少なくとも総理大臣よりはるかに上位であるという自覚を持っていたことになる。

教祖サヨと旧統一教会の接点

世界の統治者としての自覚がそうさせたのであろう、サヨは1952年にハワイへ進出したのを皮切りに、5回にわたって世界布教を行っている。64年から65年にかけては、布教のため世界を一周している。ただ、天照皇大神宮教の信者になったのは、各地の日系移民が中心だった。

1964年には、田布施に近代的な本部道場が開設されたが、その際には、サヨ自身ももっこを担ぎ、工事に参加している。サヨの特徴は、生涯、専業の宗教家にならなかったことで、北村家の農家としての収入で生活していた。

そうしたアマチュアリズムが知識人には高く評価された。日頃は新宗教全般に対して厳しかった大宅壮一も、天照皇大神宮教が「完全なノン・プロ主義」に徹している点を評価していた（『日本の裏街道を行く』文藝春秋新社）。

他にも当時、サヨのもとを訪れたり、対談したりした作家たちもいて、彼らもサヨを高く評価していた。森敦や深沢七郎などで、高橋和巳も新宗教を扱った小説『邪宗門』のなかに、天照皇大神宮教をモデルにしたと思われる教団を登場させている。こうした知識人からの高い評価は、璽光尊と共通する。

サヨは、1967年に67歳で亡くなり、その後は、孫娘の清和が継いだ。彼女は教団のなかで「姫神様」と呼ばれた。ただ、彼女も2006年に56歳で亡くなっている。三代目は彼女の娘明和で、現在に至っており、『宗教年鑑』令和3年版では、50万近い信者数が報告されている。

しかし、天照皇大神宮教では、ホームページも開設しておらず、現在どのような活動をしているのか、外部からはわからない。姫神様にしても、サヨとは異なり、世界の統治者としてふるまった形跡はない。

ただ、サヨの孫にあたる北村経夫《つねお》は、自民党の現職の参議院議員で、選挙の際には天照皇大神宮教から支援を受けていると言われるが、最近では、同時に旧統一教会からの支援も受けていたと指摘されている。

実はサヨは、旧統一教会と岸とを結びつけることに貢献している。初期の旧統一教会の信者で山口県で開拓伝道を行っていた太田郁恵という女性がいたが、彼女は伝道するなかでサヨと知り合いになり、それで岸を紹介された。1960年代半ばのことである。

たまたま当時の旧統一教会の本部は、渋谷区南平台の岸の家の隣にあった。そこで、太田は岸の家に出入りするようになり、そこから岸と旧統一教会との関係が生まれ、1968年に旧統一教会が反共組織である国際勝共連合を発足させたときには、岸がその発起人の一人になっている。すでにその時点で、岸は総理大臣の職から退いていた（久保木修己・著『愛天愛国愛人――母性国家日本のゆくえ〈久保木修己回顧録〉』世界日報社）。

サヨが旧統一教会のことをどのようにとらえていたかはわからないが、その後の経緯を考えると、彼女ははからずも重要な役割を果たしたことになる。彼女が天照皇大神宮という神であるとすれば、それは神の意向であったとも解釈できる。

天皇と深くかかわる新宗教の幻想の政治学

璽宇や天照皇大神宮教が登場し、世間の関心を集めたのは、日本の敗戦からすぐの時代で、この二つの教団の幻想の政治学においては、昭和天皇が人間宣言を行い、現人神の地位を下りたことが決定的に重要だった。璽光尊もサヨも、天皇に代わって日本を支配する、あるいは統治する役割を担おうとした。しかも、それを支持する信者が現れたことで、二つの教団は世間に大いに注目されるような活動を展開したのである。

人間宣言が行われた時代、一方では、天皇を中心とした政治体制である国体をあくまで護持しなければならないと感じた人間たちがいた。しかし、一方では、天皇がその地位に留まっていることに強い不満を抱く人間たちもいた。戦争を引き起こした責任があるというわけである。

実際、1946年の食糧メーデー（飯米獲得人民大会）には、皇居前に25万人が集結したとされるが、そこには「国体はゴジされたぞ　朕はタラフク喰ってるぞ　ナンジ人民飢えて死ね」というプラカードが登場し、物議をかもした。まだ不敬罪が存在した時代のことで、プラカードを掲げた人間は起訴された。判決は二転三転したが、最終的には不敬罪が成立したものの、大赦となった（小池新「『朕はタラフク食ってるぞ　ナンジ人民飢えて…』日本中が食糧難にあえいだ終戦直後…プラカードの文字が広げた波紋」〈日本の戦後が変わった「プラカード事件」#2〉文春オンライン「連載　昭和事件史」／2021年6月6日配信）。

戦前にこうしたプラカードを掲げれば、不敬罪だけではなく、治安維持法で厳罰に処せられる可能性があった。だが、戦後、天皇をめぐる状況は大きく変わっていた。だからこそ、璽光尊もサヨも、天皇の代わりであると主張できたわけで、それで逮捕されたり、罪を問われることはなかったのである。

では、新宗教と天皇制との関係は、この時期だけに限定されることなのだろうか。それは違う。その点を確認していくために、まずは時代を遡り、戦前の時代の新宗教と天皇制との関係を見ていかなければならない。新宗教の幻想の政治学は、天皇との関係をどのようにとらえるかという課題を常に背負っているからである。

第2章

民衆宗教から新宗教へ

松下幸之助を感動させた天理教

天理教は、幕末維新期に誕生した新宗教ではあるが、爆発的に拡大していくのは明治時代の終わり、あるいは大正時代以降である。

その時代、天理教の隆盛を実際にその目で確かめたのが、松下電器産業、現在のパナソニックの創業者松下幸之助であった。幸之助はその自伝『私の行き方 考え方』(実業之日本社)のなかで、天理教との接点を作ったのは「U氏」であったとしている。このU氏がいかなる人物なのかは判明していないが、本のなかで言われる「某教」が天理教であるのは間違いない。

天理教の教会本部がある天理市を訪れてみればわかるが、天理教は「建築の宗教」である。木造の教会本部は3157畳の巨大な礼拝施設である。その周囲は、計画通りにはいかなかったものの、「親里館」という教団施設でかこまれている。街のなかにも、「詰所」と呼ばれる信者のための宿泊施設が林立している。

天理教を開いた教祖は中山みきで、1887年に90歳で亡くなっている。亡くなったみきの後を継いで神のことばを伝えるようになったのが飯降伊蔵《いぶりいぞう》だが、彼は大工であり、その影響で天理教では建築用語が多用され、建物を建てる行為がそのまま天理教の発展を意味するようになった。したがって、信者が教団関係の建築工事に携わることには宗教的な意味が与えられた。

大正時代に入ると、天理教は大阪を中心に都市部で飛躍的に信者を増やし、戦前において屈指の大教団へと発展していった。もっとも信者数が多かったのは1938年で、時事新報社の『時事年鑑』によれば、天理教の信者数は455万人を超えたとされる。

大正時代、教会本部の神殿や亡くなった教祖を祀る教祖殿の建設が進められ、それは「大正普請」と呼ばれた。昭和に入ると、1937年の立教100年祭に向けて、神殿を2倍に拡張する「昭和普請」が進められた。

幸之助が、天理教の信者であるU氏に導かれて天理の街を訪れたのは1932年のことで、それは昭和普請の真っ最中であった。天理の街には数多くの信者たちが集結し、建築作業に勤しんでいた。

建物の広大さや、掃除が行き届いていて塵一つ落ちていないことなどが、まずは幸之助を驚かせた。さらに、建物の大半が信者の奉仕によって出来上がっていることも、幸之助に強い印象を残した。

最後に訪れた製材所は、幸之助に特に感銘を与えた。幸之助は、「多数の職人が額に汗して緊張裡に製材の仕事に従事している。その姿、その態度には一種独特の厳粛味が看取されて、普通の、町の工場でみる職人の活動ぶりと違った雰囲気が感じられて、思わず襟を正すといった敬虔さを覚えしめるものがあった」と述べている。製材される材木がことごとく信者の献木によることにも感激している。

幸之助は、こうした天理教における奉仕のあり方を経営としてとらえ、それが「実にすぐれた経営」であると評し、さらには自分が行っている事業との共通性について言及している。「われわれの事業も、某教（天理教）の経営も同等に聖なる事業であり、同等になくてはならぬ経営である」というのだ。

幸之助の経営哲学は「水道哲学」と呼ばれ、生活物資を、水道の水のように無尽蔵に、しかも安価に生産することを目的としたものだが、さらには「物資を中心とした楽園に、宗教の力による精神的安心が加わって人生は完成する」と、宗教の重要性を強調していた。

民衆宗教と新宗教の違い

これは、学問の世界での問題だが、新宗教がいつからはじまるかについては議論がある。

新宗教は、かつては「新興宗教」と呼ばれることが多かった。今でも、そう呼ばれることは珍しくない。戦前には、許可を得ていない宗教団体として、「類似宗教」と呼ばれることもあった。

新宗教に近いことばとしては、「民衆宗教」がある。江戸時代に盛んになる富士講、そして、江戸後期幕末維新期に誕生した如来教《にょらいきょう》、黒住教《くろずみきょう》、天理教、金光教《こんこうきょう》、そして、明治時代に生まれた大本《おおもと》が民衆宗教に含まれるというのだ。如来教から大本までは教祖の神憑りが立教のきっかけになっている。そうした教団が民衆宗教であり、新宗教は大本以降に生まれた教団だとされる。島薗進は『〔縮刷版〕新宗教事典〈本文篇〉』（弘文堂）のなかで、民衆宗教が社会変革への志向を持ち、積極的に評価されるのに対して、新宗教は反動的で歴史の進歩に反しているというとらえ方があることを紹介している。

新宗教についての研究が盛んになるのは戦後である。最初、この分野の研究をリードしたのは、マルクス主義の影響を受け、日本共産党などの革新勢力を支持する研究者であった。それは、日本史の研究全体にも言えることだが、その分、イデオロギー的な偏りを持っていた。だからこそ、島薗が述べているような民衆宗教と新宗教の区別が生まれたわけである。

では、そうしたイデオロギー的な偏りを排して、民衆宗教と新宗教を区別できるのだろうか。ここでは、それを試みてみたい。

民衆宗教に分類される教団の多くは、大本を除いて、皆江戸時代に生まれている。江戸時代と明治時代で大きく変わるのは、政治上の天皇の位置づけである。

天皇の歴史的な変遷については第1章でもふれた。江戸時代の天皇は、禁中並公家諸法度のもと、江戸幕府の監督下におかれ、事実上京都御所に幽閉されていた。幕府は、天皇が一般民衆と接触することを嫌ったからである。

ところが、幕末になると尊皇攘夷のスローガンのもと、古代の天皇親政を求める声が高まり、大政奉還によって江戸幕府は消滅し、天皇を中心とした新たな政治体制が確立された。実際の政治は、官軍となった長州藩と薩摩藩が担ったものの、天皇を中心に日本の近代化が推し進められた。

歴史に直結する日本神話

その際に、極めて重要な働きをしたのが神話である。日本の神話は、『古事記』と『日本書紀』に記されている。神話は世界中のさまざまな民族や国家において受け継がれてきたもので、日本神話もその一つである。

しかし、日本神話には、他の国の神話には見られない特徴がある。日本神話の神代の部分では、日本の国が生まれてからの神々の物語が語られるが、それが代々の天皇の物語へと発展していく。神話が歴史にそのまま結びついており、しかも、天皇は現実の日本国家の統治者なのである。

こうした神話はどの国にも、どの民族にもありそうだが、そうではない。ギリシア神話を考えてみても、それはあくまで神々の物語であり、それがそのまま現実の歴史に結びついていくわけではない。近いものがあるとすれば、ユダヤ民族の神話である。それは、ユダヤ教の聖典であるトーラーで語られ、キリスト教の聖書にも取り入れられた。イスラム教においてさえ古代の歴史と受け取られている。本来はユダヤ民族の神話が一神教全体で共有されたのは、他の民族にはそうした歴史につながるような物語がなかったからであろう。

日本の神話は、現実の歴史をそのまま叙述したものではない。神代の部分になれば、まったくの架空の物語である。しかし、そこには日本の国の成り立ちが語られ、天皇が日本を支配するまでの過程がつづられている。第1章でも述べたように、日本国憲法において、天皇が日本国の象徴とされるのも、結局のところは、神話が究極の根拠になっている。

華夷《かい》思想を持つ中国に対して、古代の日本が朝貢国にならず、その独立性を主張できたのも、日本神話の存在があったからだろう。中国では王朝の交代がくり返されてきたため、日本神話に匹敵するような中国神話は存在していない。

こうした特徴を持つ日本神話は、江戸時代においても知られていた。ただ、『古事記』の方は、正規の漢文で書かれていないこともあり、国学者の本居宣長が読解の作業を行うまで、ほとんど読めない状況にあった。それが、明治に時代が変わると、『古事記』や『日本書紀』に記されていることが歴史上の事実として扱われるようになり、それは神聖な物語としての性格を強く示すようになった。

紀元節は、明治に時代が変わって間もない1873年に制定されるが、それは初代の天皇とされる神武天皇が即位した日、旧暦の紀元前660年1月1日とされた。

神話の位置づけが変わったことが江戸と明治の違いで、それは神々や天皇をどう位置づけるのかに決定的な影響を与えた。

如来教は、教祖の神憑りからはじまる民衆宗教の先駆的な教団だが、大きな特徴は、教祖となった一尊如来きのには、江戸時代まで続く神仏習合の影響で、多様な神仏が下ったことにある。創造神でもあり「如来」と呼ばれる金毘羅大権現をはじめ、秋葉大権現、入《いり》海《み》大明神（地元尾張の入海神社の祭神）、熊野大権現、法然、親鸞、日蓮、聖徳太子などである。

きのは、最高神の如来に次ぐのが釈迦であり、それは太陽神である日天子《にってんし》であるとした。釈迦＝日天子は法華経を説いた神で、それと対になるのが月の神である月天子《がってんし》である。これは法華経に登場する上行《じょうぎょう》菩薩《ぼさつ》で、日蓮もこの月天子であるとされた。現実の日蓮も、日天子、月天子、そして明星天子《みょうじょうてんし》を重視しており、江戸時代の江戸で広がった法華講においては、日蓮を太陽の化身とする「日天子法門」が強調された。きのの教えには、こうした法華信仰の影響があった。

きのについて興味深いのは、その教えのなかに、『古事記』や『日本書紀』で説かれたのとは異なる創造神話が含まれた点である。きのは世界のはじまりは泥の海であるとし、神は人間を75人だけ創造したものの、この人間たちは神仏とともに天に上がってしまい、伊勢神宮の留守居である魔道が現れて、5人の人間を創造し、それによって女性の胎から生まれるようになったとする。

　魔道によって創造された人間は、何百本もの角がはえた恐ろしい姿をしており、死後は地獄に落とされ、責め苦を受ける定めになっていた。そこで如来は、人間をあわれに思い、ひたすら如来にすがれば、来世は「能所《よいところ》」と呼ばれる極楽に生まれ変われるとした。そうなると、現世には意味がなくなるが、きのは、現世は如来によって作られた修行の場であるとした。

　荒唐無稽な説にも思えるが、尾張藩士のなかに、きのの熱心な信者が現れ、彼らはきのの説教を筆記し、それは『お経様』という聖典にまとめられた。

　ただ、きのは1826年に亡くなり、養女が後を継いだものの、尾張藩からは、禁教であるキリシタンの疑いをかけられ、布教を禁止された。それで曹洞宗の傘下に入り、戦後に独立するまでその状態にあった。もし明治に入っても独自の活動を展開していたら、伊勢神宮の留守居を魔道とすることなどは不敬罪で取り締まりの対象になった可能性がある。少なくとも教義を修正する必要に迫られたであろう。

新宗教へと脱皮する民衆宗教

黒住教の場合には、教祖となる黒住宗忠《むねただ》は、江戸時代に高まりを見せた伊勢神宮に対する信仰を持ち、生涯に6回、岡山県から伊勢神宮に参拝に出かけている。そして、病を経験し、そのなかで1812年に、天照大神と合一する体験をする。

宗忠は、天照大神を万物の根源としてとらえ、その神慮に沿って、すべてを神に任せることによって、一家や国全体の平安と繁栄が得られると説いた。そのためには、陽気に暮らし、まこと、勤勉、無我、正直といった道徳を実践する必要があるというのだ。

明治に入って、天皇が政治の表舞台に登場すると、皇祖神である天照大神への信仰も、江戸時代とは異なる形で称揚されるようになる。宗忠は、自らが天照大神と一体であるとする「天照大神御一体」という教えを説いていたが、それは、明治政府によって不敬とされた。しかし、その点を強く主張しなかったため、黒住教は取り締まりを受けなかった。問題視されたのは、許可を得ずに禁厭祈禱《きんえんきとう》を行ったことだった。それもさほど大事とはされず、神道事務局からの別派独立を許され、教派神道の一派として神道黒住派を名乗ることになる。

これに比較した場合、天理教は教派神道の一派として独立を果たすまでに相当に苦労した。時間もかなりかかっている。それはどうしてなのだろうか。

天理教がどのようにして誕生したかは、天理教の教団が公認した教祖伝『稿本《こうほん》天理教教祖伝』（天理教道友社）に示されている。その冒頭には、「我は元の神・実の神である。この屋敷にいんねんあり。このたび、世界一れつをたすけるために天降った。みきを神のやしろに貰い受けたい」という神のことばが示されている。やがて「天理王命《てんりおうのみこと》」と呼ばれるようになる神は、天保年間の1838年10月24日、大和国山辺郡庄屋敷村（現在の天理市三島町）の中山善兵衛宅において、みきの口を通して語り出し、家族との押し問答の結果、みきは神のやしろとして貰い受けられたというのである。

ただこれは、拙著『天理教――神憑りから新宗教へ』（八幡書店）で詳細に論じたように、事実ではない可能性が高い。というのも、神のやしろとなったみきが宗教家として活動をはじめるまでに、それから十数年の歳月が経っているからである。これはいささか不自然だ。残された資料からは、天保年間に、産後の肥立ちが悪かったからだろう、みきが神憑りをくり返していたことがわかる。そしてみきは、お産の神さまとして周囲に知られるようになり、それがやがて天理教という教団へと発展していくのである。

この発展の過程で、天理教は民衆宗教から新宗教へと脱皮していったのではないだろうか。そこには、近代天皇制の成立が深くかかわっていた。ここで考えてみたいと思うのは、その点である。

神仏分離という大転換

お産の神さまとして知られるようになったみきは、「さずけ」を行うようになる。さずけにはいくつかの種類があるが、扇を使って神の意志を知ったり、田の収穫を増やすといったものだった。これで、みきは周辺の地域の男性たちの信仰を集めていく。

すると、周囲の山伏や僧侶などから迫害を受けるようになる。あるいは、近くの大和神社で鳴物を使って神名を唱えたことで、大和国の神職取り締まりの祈禱を妨害したとして、太鼓を没収されたりもした。さらには、集団のなかで異なる教えを説くような異端的な人物も現れた。

そこで、後ろ盾を得ようとしてのことであろう、みきの長男である秀司《しゅうじ》は、京都の吉田家に入門し、その許可を得ようとする。吉田家は吉田神道の総本家であり、当時は神職の総元締めとしての地位を確立していた。つまり秀司は、吉田神道を学び、その神職になろうとしたのだ。

秀司は京都で7日間修行し、許可を得ることに成功する。それ以降中山家では、天輪王明神を祀ることになった。明神は古代の延喜式の名神に遡るとされるが、吉田家はこの称号をよく用いた。

重要なのは、天輪王明神が、国常立尊《くにとこたちのみこと》以下十柱、ないしは十二柱の神々があわさったものだとされたことである。国常立尊は神話に登場する神で、他の神々も同様だった。天輪王明神自体はみきに初めて下った神であったが、その内実は神話に由来する伝統的な日本の神々だった。

秀司が吉田家に入門したのは1867年のことで、時代が明治に変わるのは翌68年のことである。天皇を中心とした明治国家が樹立される直前であり、吉田家の傘下に入ることで、みきの周囲に形成された原初的な宗教集団は、周囲の迫害を避けられると期待された。

その段階での天理教は民衆宗教としてとらえることができる。天理教は、吉田神道の影響をさまざまな形で受けていくが、吉田神道は、仏教や儒教、あるいは道教の影響を受けた神道であり、京都の本拠である吉田神社には、虚無太元尊神《そらなきおおもとみことかみ》という宇宙の根源的な神を祀る斎場所太元宮《さいじょうしょだいげんぐう》が設けられていた。

明治に時代が変わることで、吉田家は神職の元締めの地位を失う。明治政府は、神祇官という神祇を司る古代の役所を再興し、皇祖神である天照大神を頂点に戴く形で、神々の世界の再編成を試みたからである。

これによって天理教は、吉田家という後ろ盾を失うことになるのだが、明治政府の発した神仏判然令によって、宗教界全体が大きな変化を被った。神仏判然令は、神道と仏教、神社と寺院を分離させる神仏分離に結びつき、そのなかで、天理教に迫害を加えた山伏の修験道などは禁止される。

仏教界にも廃仏毀釈の嵐が吹き荒れ、各寺院は相当な打撃を被る。明治政府は、財政の要となる収入を確保するために地租を導入しようとして上知令《あげちれい》を発し、神社や寺院の土地を召し上げてしまう。神社については、「国家の宗祀」とされ、経済的な援助が行われるが、寺院についてはそうした政策はまったくとられなかった。

天理教教会本部の近くには内山永久寺という大規模な寺院があり、そこは「西の日光」とも呼ばれたが、廃仏毀釈によって廃寺となってしまった。そこまでの例は珍しいが、かつての境内地には池だけが残されている。

このように、江戸時代に天理教を迫害した宗教家自身が、明治に時代が変わることで力を失った。そのため、吉田家の後ろ盾がなくなっても、天理教はしばらくの間、妨害なしに宗教活動を続けることができた。

明治における天理教の変化

しかし、天理教の活動が活発になり、信者が増えていくと、今度は官憲からの取り締まりを受けるようになる。それも、1873年1月15日には、神祇省に代わって宗教関係を所轄した教部省から禁厭祈禱を禁止する法令が出されたからである。さらに教部省は、翌年6月には、「禁厭祈禱ヲ以テ医薬ヲ妨クル者取締ノ件」と「同上ニ付神道各管長へ達」という二通の布達を出している。その布達では、呪術的な信仰治療に頼って医者や薬を拒否することが禁止された。

その後、1882年1月1日付で実施された、今日の軽犯罪に該当する違警罪の第四条其一では、「官許を得ずして神仏を開帳し人を群集せしもの」が違法とされた。明治に入ってからの天理教は、こうした法令に違反したと見なされ、それで取り締まりを受けた。

天理教自体も、明治に入ると変化をとげていく。

みきは、明治に入ると、『おふでさき』という聖典の執筆をはじめる。その第1号が執筆されたのは1869年正月のことで、83年に最後の第17号が執筆された。『おふでさき』は、歌の形式をとっており、歌の数は1711首にのぼる。神が「筆をとれとれ」と言うので、みきが筆を紙の上に乗せると、たとえ暗がりでもすらすら筆が動いたという。みきは、自分が何を書いたかわからず、そばにいた孫の眞之亮に読んでもらった。『おふでさき』は、いわゆる自動書記の状態で記されたことになる。

『おふでさき』第一号の冒頭は、次のようになっていた。

万代の世界一列見はらせど　むねの分かりた者はないから　一
そのはづや説いて聞かした事はない　何も知らんが無理でないそや　二
このたびは神が表い現れて　何か委細を説いて聞かする　三
この所大和の地場の神がたと　言うていれども元は知ろまい　四
この元を詳しく聞いた事ならば　如何な者でも皆恋しなる　五
聞ゝたくば尋ねくるなら言うて聞かそ　万委細の元の因縁　六
神が出て何か委細を説くならば　世界一列心勇むる　七
一列に早く助けを急ぐから　世界の心勇めかゝりて　八

ここで重要なのは四の箇所に出てくる「地場」である。1875年6月29日には、みき

天理教の教祖・中山みき氏が執筆した原典『おふでさき』。表紙に「神之古記」の文字。古写本か自筆本と見られる（1936年撮影）。

の居た中山家の屋敷で「ぢば定め」が行われるが、みきをはじめとする人々が歩いて、足が止まった場所がぢばとされた。そのぢばには、甘露台が据えられることになっていて、その雛型はすでに完成していた。甘露台が完成し、ぢばに据えられれば、30年後に、その上においた平鉢に毎夜、人間の寿命を延ばす甘露がふるというのである。

現在の教会本部は、このぢばを中心にしており、そこにむかって信者は礼拝する形になっている。甘露がふるのに備えて、ぢばの天井の部分は開かれている。

「泥海古記」という天理教独自の神話

このぢばについては、もう一つ別の意味が与えられるようになる。

警察による取り締まりは厳しさをましていった。というのも、天理教の信者たちは、

「ビシャッと医者止めて、神さん一条や」などと言って医者や薬を拒絶し、祈禱や呪いによる信仰治療を続けたからである。新聞のなかにも、天理教を揶揄するような記事を載せるところがあった。

そんななか、1881年以降になると、みきは、天理教に独自の神話を語るようになる。それは、「泥海古記《どろうみこうき》」と呼ばれる。すでに見たように、如来教にも、泥海からの創造を語る神話が存在した。しかも、その内容は一部、「泥海古記」と重なっている。

「泥海古記」では、世界のはじまりは泥の海で、そこには無数のドジョウ（泥鰌）が住んでいたとされる。「ぎさま」と「みさま」という男女の二柱の神は、ドジョウのなかに魚と巳（蛇）とがまじっているのを見て、人間の創造を思い立ち、それぞれ魚と巳の体内に入りこんだ。そして、みさまが3年3月かけて、大和の国から山城、伊賀、河内の3カ国、さらには日本国中に99万9999人の人間の子を産みおろした。

ところが、生まれた子は五分の大きさしかなく、99年かかって三寸まで育ったものの、みな死んでしまい、同じことがくり返された。二度目は、三寸五分まで、三度目は四寸まで育ったが、みさまが死んだために、人間はみな、それを慕って死んでしまった。

その後、人間の魂は、9999年のあいだに虫、鳥、獣の類に8008度生まれ変わったのちに死に絶え、最後に猿が1匹だけ残った。この猿は、実は女神の「くにさつち」であったが、その胎内に男女各5人が宿り、また五分で生まれた。人間は五分ずつ成長し、八寸になったときに、世界に高いところと低いところができ、人間ははじめて水中の生活をやめて、陸にあがった。そして、知恵と文字を仕込まれ、地上での生活が999年続いたところで、神は、天理教の教祖、中山みきの体を「神のやしろ」としてぢばに出現したというのである。

「泥海古記」では、ぢばは人類が創造された場所とされている。その後の天理教でも、この認識は共有されている。つまり、天理教の教会本部は、人類創造の地に建つものであり、天理の街は人類全体のふるさとに位置づけられている。天理の駅や商店街に、「おかえりなさい」ということばが掲げられているのも、そのためである。

神の死がもたらした分派

民衆宗教、新宗教の研究者として一時代を築いた村上重良は、こうした『古事記』や『日本書紀』に語られたのとは異なる神話を天理教が持ったことで、反天皇制の宗教となり、それによって弾圧を受けたと主張した。たしかに「泥海古記」は、天理教に独自の神話だが、それゆえに警察の取り締まりを受けたわけではない。あくまで、すでに見た当時の法律に違反していると見なされたからである。

しかし、「泥海古記」には、天皇のことは出てこない。神々の物語が天皇の歴史へと結びつく形もとっていない。「泥海古記」が、人類のはじまりを語ったものであるとするなら、それは、『古事記』や『日本書紀』に語られた日本神話を否定することになる。そうなると、天理教で信仰される天理王命と、日本神話の神々との関係はどうなのか、天皇との関係はどうなのかが、どうしても問われることになる。

ただ、みきが亡くなって以降の天理教は、教派神道の一派として独立し、安定した社会的な地位を確保するために、体制に妥協し、独自の教えを引っ込めてしまった。1903年に、天理教の教団は、神道学者の井上頼圀《よりくに》と逸見仲三郎に教典の編纂を依頼し、それによって出来たものは、今日「明治教典」と呼ばれているが、皇国思想をもりこんだ神道の教義でつらぬかれており、みきの教えはまったく反映されていなかった。それによって、08年には独立を認められたが、「泥海古記」を含め、みきの教えは封印されてしまったのである。

もし天理教が体制に妥協する姿勢をとらなかったら、どうなっていただろうか。それを予測する材料となるのが、天理教の分派である「ほんみち」の場合である。

新宗教には分派が多い。特に天理教の場合には、多くの分派が生まれており、弓山達也が著した『天啓のゆくえ――宗教が分派するとき』(日本地域社会研究所)のように、もっぱら天理教の分派を扱った研究さえある。

そこには、天理教の教団において、神そのものとされた教祖のみきが亡くなってしまったことが影響している。死は必然だが、みきは生前、人間の寿命は115歳までだと公言していた。ところが、真冬に警察に拘置されたこともあり、みきは90歳で亡くなってしまう。

これは信者にとって衝撃で、彼らは、少なくとも神であるみきは115歳まで生きると信じていた。そこで、みきに代わって、神のことばを取り次ぐようになった飯降伊蔵は、みきは本来115歳の寿命を持っていたが、子である信者をかわいく思い、彼らを一刻も早く救うために、残された25年の命を縮めたのだという教えを示した。

この教えが示されるまで、みきの死から5日を要した。そこには、いかに天理教の教団が、予想外の事態を収拾するために苦労したかが示されている。そして、みきの魂は、肉体は死んでも、その屋敷において生き続けているとされ、その魂が住まう場所として教祖殿が設けられた。おそらくそこには空海がいまでも生きているとされる高野山の奥之院のことが影響していると思われるが、教祖殿では、日に三度、食事が供され、季節ごとに衣替えも行われている。

しかし、みきの死によって、生きた神が地上に存在するという事態には終止符が打たれた。もう信者は、神に直接会うことができなくなった。そこで、みきの代わりであるとか、みきに下った神を宿していると主張する人間が生まれる余地が生まれた。それが分派の形成に結びついたのである。

ほんみちの「人間甘露台」の主張

その一つが、大西愛治郎《あいじろう》の開いた「ほんみち」だった。愛治郎は、奈良県宇陀郡宇太村の農家に生まれ、長兄の影響で天理教の信仰に目覚め、布教師としての道を歩むことになる。天理教では、まだ信者がいない地域に出向き、そこで布教活動を展開することを「単独布教」と呼び、その実践を重視するが、愛治郎は、最初東京で単独布教を試みる。その後、群馬県安中町（現在は安中市）で単独布教を行い、結婚してからは山口県山口町（同じく山口市）で活動を展開するようになった。

そうしたなか愛治郎は信仰上の壁にぶちあたり、部屋にこもって瞑想するようになる。そして、妻とともに裸になって子どもを背負い、部屋のなかを歩き廻ると、夜半過ぎに夫婦の足は部屋の中央でぴたりと止まった。これは、ぢば定めと同じだ。そのとき、愛治郎が天理教の聖典の一つである『みかぐらうた』の一節、「一列澄まして甘露台」と唱えると、突如、「ここが甘露台なのだ」とひらめいた。愛治郎は、甘露台の場所が重要なのではなく、人間こそが甘露台であり、自分がその甘露台なのだという自覚を得たのである。愛治郎は神憑りしたわけではないが、これによって、自らが神の意志を体現していると自覚するようになる。

愛治郎は、1913年から10年間にわたって、『おふでさき』やもう一つの聖典『おさしづ』を読み込むことで、人間甘露台の主張を教義的に裏づける試み『甘露台古記』を著し、それを天理教の教団や幹部に送り続けた。そのため、愛治郎は山口の宣教所から追放されてしまう。愛治郎の一家は奈良へ戻り、掘っ立て小屋で貧しい生活を送っていたが、20年以降になると天理教の現状に対して不満を持つ布教師や有力な信者が愛治郎のもとを訪れるようになる。

ほんみちの終末論と天皇批判

これが、ほんみちの前身となる「天理研究会」の創設に結びつく。1925年のことである。それは天理教の改革運動としての性格を持ち、教団側からは敵視され、愛治郎は教師資格を取り上げられた。天理研究会に集まってくる他の信者たちも、役職から外されたり、除名されたりした。

天理教は、明治の終わりから大正にかけて信者の数を大幅に増やし、大教団へと発展した。だからこそ、大正普請のような大規模な事業が展開できたのだが、教団が拡大すれば、組織化が進み、その分、教団のあり方に不満を持つ人間が生まれる。天理研究会は、その受け皿となったのだ。

愛治郎は、1927年10月頃から、天理研究会の幹部とともに「研究資料」と呼ばれる教義書を執筆する。そこでは、みきを迫害した社会には「返し」があることが指摘されていた。さらに、日本が神国であることが強調され、神国としての日本が世界を支配するにあたっては、日本にとって大国難となる大戦が必至であると説かれた。その際には、仏教や神道、儒教やキリスト教といった既成の宗教はすべて否定される。現在の暗黒の世の中は、甘露台の教えによってしか救われないとし、28年には、「天の光明」が出現すると予言された。

さらに「研究資料」では、みきの神憑りを最初の天の神の降下ととらえ、そこから救済活動がはじまるとともに、「もう仏も法もしまひや。神社もぬけがらや。すっきり天の神様の御守護退いたら空である」、「もう如何な宗教も神道、儒教、耶蘇教（キリスト教）もすっきりしまひである。在来の神道も今日迄のものである。是からは、をがみ祈禱も禁厭も易も法も術も、すっきり神様の御守護無いから無用になると云ふ」とされ、既成の宗教の価値は全否定された。

実は、みきの『おふでさき』には、「高山の真の柱は唐人や、これが第一神の立腹」という箇所があった。「研究資料」では、ここで言われる唐人を、からの人間、空虚な人間、天徳のない人間ととらえ、「現在日本の真柱になって居る者は、此の唐人である、之が第一神の立腹である」とされた。ここで言われる日本の真柱は天皇であり、これは天皇を否定したことになる。

しかも天理研究会は、「打ち出し」と称して、「研究資料」を書写し、それを所轄の高田警察署や奈良県庁に持っていき、主旨の説明まで行っている。さらに会員たちは、各府県の警察部をはじめとして、内閣、各省庁、府県庁、外国大公使館などを訪れ、「研究資料」を配布した。

こうした活動が展開されたのは、天理研究会の内部において世直しへの期待が高まったからだが、大胆な活動は、当然ながら警察による捜査、取り締まりを招くことになる。1928年4月、大西をはじめ、多くの信者が検挙され、180名が治安維持法違反および不敬事件として起訴された上、研究所は解散を命じられた。

1928年4月9日、不敬罪で逮捕された天理研究会の大西愛治郎氏。右は妻とを。名古屋市で捕まり、同夜奈良駅に護送されてきたところ。

不敬罪と治安維持法

天理教も、体制に妥協しなければ、こうした道をたどっていたはずである。ただ、新宗教を取り締まる法的な整備がなされるまでには時間を要した。

そこで重要になるのは、天理研究会が起訴された治安維持法と不敬罪である。

不敬罪が明文化されたのは、1880年に刑法が公布された際においてである。この刑法は、現在では「旧刑法」と呼ばれるが、不敬罪は1907年に公布された現行刑法にも引き継がれた（ただし、戦後には刑法から削除された）。

不敬罪の規定は、刑法第二編第一章にあり、次のようなものだった。

〈第1章　皇室ニ対スル罪〉

第73条　天皇、太皇太后、皇太后、皇后、皇太子又ハ皇太孫ニ対シ危害ヲ加ヘ又ハ加ヘントシタル者ハ死刑ニ処ス

第74条　天皇、太皇太后、皇太后、皇后、皇太子又ハ皇太孫ニ対シ不敬ノ行為アリタル者ハ三月以上五年以下ノ懲役ニ処ス

神宮又ハ皇陵ニ対シ不敬ノ行為アリタル者亦同シ（以下略）

これによって天皇をはじめとする皇族、神宮、皇陵に対して危害を加えたり、不敬の行為を行った者は処罰されることとなった。ここで言う神宮は、直接には伊勢神宮をさすが、熱田神宮や橿原《かしはら》神宮など皇室に関連する他の神宮を含むという解釈もあった。

治安維持法の方は、1925年に制定されている。この法律が制定されたのは、17年のソビエト連邦の誕生によって共産主義の運動が国際的に高まり、日本共産党の結成といった形で日本国内にも広がりつつあったからだった。

法案は全部で七条からなるもので、第一条では、「国体ヲ変革シ又ハ私有財産制度ヲ否認スルコトヲ目的トシテ結社ヲ組織シ又ハ情ヲ知リテ之ニ加入シタル者ハ十年以下ノ懲役又ハ禁錮ニ処ス」とあった。国体の変革は、天皇制の廃止を意味し、私有財産制度の否認は共産主義体制の確立を意味した。

治安維持法は、1928年に改正され、国体の変革と私有財産制度の否認が区別された。条文も65条にまで増やされ、国体の変革をめざした場合、最高刑は死刑となり、厳罰化が進められた。また、そうした目的を持つ結社に加入しただけでも処罰されることとなった。

治安維持法は、最初、過激社会運動取締法案として帝国議会に提出されており、その目的は、共産主義者や無政府主義社を取り締まることにあった。実際、治安維持法が制定され、それが強化されることで、日本共産党などは非合法化され、党員のなかには逮捕され、処罰された者も少なくない。

しかし、この法律は、新宗教の取り締まりにも用いられ、多くの人間が逮捕、起訴されたのだった。

新宗教の神と天皇制

問題になるのは、それぞれの新宗教教団が信仰対象とする神の存在である。神は、天理教の場合に典型的に見られるように、それぞれの教団において究極の存在とされ、創造神と位置づけられた。

ところが、明治以降の日本国家は、天皇を統治者と位置づけ、その正統性を神話に求めた。皇祖神である天照大神に連なるからこそ天皇は神聖だとされたのである。天照大神は、神話において日本の国土を生んだとされているわけではないものの、天孫降臨によってその子孫が日本の国を支配するようになり、やがて初代の神武天皇が誕生する。

新宗教の神は、第1章で見た璽宇や天照皇大神宮教のように、天照大神と同体であるとされることもある。黒住教も、教祖は天照大神と合一する体験をした。ただ、戦後の璽宇と天照皇大神宮教において、教祖が天皇に代わる存在と位置づけられたのに対して、黒住教では、そうした主張はされなかった。

天理教になると、その主宰神である天理王命は、この宗教に独自の神である。仏教の転輪王信仰が影響している可能性は考えられるが、教団のなかでは、天理王命が転輪王信仰と結びつけられることはなかった。

天理教には、創造神話があるが、天理王命が創造神であるかどうかは明確ではない。ただ、天理王命は、日本神話に登場する国常立尊以下、十柱、ないしは十二柱の神からなるものであるとされ、十二柱の神の場合には、そのなかに大日孁尊《おおひるめのみこと》が含まれている。これは天照大神の別称であり、天理王命は天照大神より上位の神であることになる。

しかも、みきの『おふでさき』においては、日本の権力者は「高山」と呼ばれ、そのあり方が批判されていた。さらに、「高山の真の柱は唐人」ともされたわけで、日本が外国の勢力によって支配されているという認識が示されていた。これは、日本が長い鎖国を解き、開国して以降の状況を踏まえたものと考えられるが、ほんみち（天理研究会）になると、唐人は天皇とされ、批判の対象になった。

共産主義者の場合には、革命によって共産主義の政権を樹立することを目的としており、それは国体の変革に結びつく。新宗教は、革命を志向するものではないが、腐敗堕落した世の中が滅び、神の世界が実現されるとする終末予言を行うことが少なくない。ほんみちの返しは、まさにそれである。

大本の場合には、1921年に、教団の中心にあった出口王仁三郎《おにさぶろう》らが不敬罪などで逮捕されるという事件が起こる。これが、第一次大本事件だが、当時の大本においては、「大正十年立替之説」が唱えられ、世界が壊滅的に破壊され、その後に、理想の世界が出現するという予言がなされた。21年が大正10年にあたる。

国家神道体制のもとでの新宗教

新宗教の予言する世の終わりは、現在の体制を根本から覆すもので、それは自動的に国体の変革に結びつく。しかも、新宗教は、多くの信者を結集する力を持っており、その点が体制側にとっては脅威である。共産主義の勢力には、それだけの力はない。

民衆宗教が生まれた江戸時代には、まだ近代の天皇制は存在しなかったので、民衆宗教の神が、国家神道の体制のなかで皇祖神に祀り上げられた天照大神や、その子孫である天皇と対立関係に陥る形にはならなかった。当然、不敬罪も存在しないわけで、それに違反して取り締まられることもなかった。

ところが、明治時代に入ると、宗教をめぐる体制は根本から改められ、民衆宗教の説く神のあり方が体制側から問題視される状況が生まれた。新宗教を民衆宗教と区別するならば、新宗教は、国家神道体制下において、その影響を受け、またその時代特有の制約を課された宗教教団としてとらえられる。天理教などは、政治体制が変わることで、民衆宗教から新宗教へと発展していかざるを得なかったとも言える。

国家神道体制のもとでは、天照大神を頂点としたパンテオンが形成され、他の神々は、その秩序のなかに位置づけられた。そして、天皇の神聖性、正統性は、天照大神の系譜につらなることで保障された。この体制が脅かされることは、国家神道体制に根本的なほころびが生じることを意味した。

たとえばこれは新宗教の事例とは言えないが、教派神道の一派として1882年に結成された教団に出雲大社《いずもおおやしろ》教がある。これは、73年に結成された出雲大社敬神講を前身とするもので、それは出雲大社の信者によって構成された教団だった。これが82年に神道大社派となり、同年に神道大社教と改称された。出雲大社教への改称は、戦後の1946年のことである。

その中心にあったのは、出雲大社の神職である出雲国造《こくそう》の千家尊福《せんげたかとみ》であった。尊福は、1880年に、東京日比谷の神道事務局に設けられた神宮遙拝所に、天之御中主神（アメノミナカヌシノカミ）、高御産巣日神（タカミムスビノカミ）、神産巣日神（カミムスビノカミ）からなる造化三神と天照大神を祀ることが決定されたことに対して、異議を唱え、出雲大社の祭神である大国主命（オオクニヌシノミコト）を同時に祀るべきだと主張した。

これは、神道界を二分する大論争になる。なにしろ、出雲大社教は明治時代末には43万人もの信者を抱える大勢力に発展するからである。この信者数は、昭和前期の天理教の最盛期に迫る。結局、明治天皇の裁定によって、大国主命は神宮遙拝所に祀られない決定がなされ、それで論争には決着がついた。

もし、大国主命が祀られていたら、国家神道体制は変容を迫られたであろう。『古事記』には、大国主命による国譲りの物語があり、出雲の勢力は大和朝廷に屈服したものと見なせる。大国主命が日比谷の遙拝所で祀られれば、それは、出雲の勢力の復権にも結びつき、大国主命は天照大神に匹敵する神となる。

しかも、岡本雅享による『千家尊福と出雲信仰』（ちくま新書）に述べられているように、尊福を含め、出雲国造は信者から生き神としての扱いを受けていた。大国主命の地位が上がれば、それを祀る生き神としての国造の地位もより強固なものになる。現人神としての天皇と拮抗する存在になってしまう恐れもある。だからこそ、大国主命は日比谷の遙拝所で祀られなかったのだとも考えられる。

そうした体制のもと、新宗教が至高の神を信仰対象とすることは、危険な行為になり、事実、取り締まりを受けたのである。

では、仏教系の新宗教の場合はどうなのか。

戦後巨大教団に発展した新宗教のなかには、創価学会や立正佼成会をはじめ仏教系の教団が多く、しかも法華系、日蓮系が多数を占めた。こうした教団が、天照大神や天皇を超える、あるいはそれと同等の神を立てることはない。そうした教団の天皇制との関係を見ていくためには、法華信仰、日蓮信仰にまで遡る必要があるが、特に戦前において盛んになった日蓮主義の運動は重要な意味を持っていた。次の章では、その点について見ていきたい。

第3章

法華・日蓮信仰としての新宗教

法華信仰の歴史的展開

第2章で、如来教にふれたとき、その信仰対象のなかに日蓮が含まれ、その信仰世界に日天子や月天子などが登場し、それが江戸時代の法華講と関係することについて述べた。それを踏まえ、如来教に法華信仰の影響があることを指摘した。

これは、天理教の分派であるほんみちについても言える。ほんみちの創始者である大西愛治郎は、日本が神国であることを強調し、神国としての日本が世界を支配するにあたっては、大国難となる大戦が必至であると説いた。この発想も法華信仰に由来するもので、この信仰を推し進めた鎌倉時代の日蓮が説いたことがもとになっていた。

ここに民衆宗教や新宗教と法華信仰、あるいは日蓮信仰との関係が浮上する。

法華信仰は、大乗仏典の一つである「法華経」にもとづくものである。「法華経」は、日本に仏教が伝えられた初期の段階で取り入れられていた。だからこそ、聖徳太子は「法華経」の注釈書である『法華義疏《ほっけぎしょ》』を残しているわけだ。『法華義疏』が本当に聖徳太子の著作なのかどうかについては議論があるものの、飛鳥時代に「法華経」が読まれていたことは間違いがない。

ただ、法華信仰が生まれるにあたっては、中国の天台宗の影響が大きい。中国では、天台智顗《ちぎ》が現れ、天台宗を開いた。その際に重要なことは、智顗が「五時八経説」という教判を唱えたことである。当時、仏典はすべて釈迦の教えを記したものとされており、智顗は、そのなかで「法華経」に説かれたことがもっとも重要であるとした。

日本でこの天台宗の教えに着目したのが最澄で、彼は唐に渡って天台宗の本拠である天台山で学び、日本に天台宗をもたらした。最澄が天台宗の重要性に気づいたのは、唐から戒師《かいし》として招来され、東大寺などに正式な僧侶と認める戒壇を設けた中国人僧侶、鑑真《がんじん》を通してだった。鑑真は唐において戒律について研鑽するだけではなく、天台宗の教えにも通じており、それに関連する文献を日本にもたらした。

東大寺に戒壇が設けられたことで、そこで授戒しなければ正式な僧侶になれない体制が生まれ、その分、奈良の南都六宗の力は強まった。最澄は、京都と滋賀の境にある比叡山に庵を設け、それがやがて日本の天台宗の総本山、延暦寺に発展していくが、そうした東大寺を中心とした体制を打破するために大乗戒壇の建立を朝廷に願い出る。

大乗戒壇では、東大寺でのものより緩和された戒律が授けられるのだが、それは、いかなる道を通っても仏になることができるとする一乗の教えが「法華経」に見られるからである。ただ、大乗戒壇が認められたのは、最澄が亡くなってからのことだった。

予言者日蓮と法華信仰

その大乗戒壇で受戒したであろう鎌倉時代の日蓮は、最澄の教えを受け継ぎ、天台宗の僧侶として出発した。最澄は南都六宗と対立する関係になったが、日蓮が特に釈迦の正しい教え、正法から逸脱しているとしたのが法然の説いた浄土宗だった。日蓮は、「法華経」にこそ釈迦の真実の教えが記されており、それまでに説かれた他の経典の教えは、「法華経」に導くための「方便」であることを強調した。

浄土宗の教えは、浄土三部経にもとづくもので、日蓮からすれば、方便の教えに過ぎない。日蓮は、浄土宗の信仰が一掃され、「法華経」による正しい仏法が社会に行き渡らなければ、「薬師経」で予言されている七難を招くとした。すでにそのうちの五つの難は起こっており、残されたのは他国から侵略される他国侵逼難《しんぴつなん》と、国内が乱れる自界叛逆難《ほんぎゃくなん》だとしたのだ。

他国侵逼難の予言は、第1章の冒頭でふれた蒙古襲来によって的中した。果たして日蓮の念頭に蒙古のことがあったのかどうかはわからないが、二度目の流罪となった佐渡から戻った際、鎌倉幕府の重臣、平頼綱に、次はいつ蒙古が襲ってくるかを問われたのに対して、日蓮は「今年中」と答えており、これも二度目の弘安の役を予言した形となった。

これによって日蓮には国難から日本を救う宗教家のイメージがつきまとうことになる。日蓮は、佐渡から戻った後、甲斐国の身延《みのぶ》になかば幽閉されるが、身延で書いた『撰時抄《せんじしょう》』では、正法が世に行き渡る前には、「前代未聞の大闘諍《だいとうじょう》 一閻浮提《いちえんぶだい》に起こるべし」と述べていた。ここに出てくる閻浮提は世界全体のことをさす。ほんみちの愛治郎が大戦が必至であるとしたのは、この『撰時抄』がもとになっている。

日蓮には「六老僧」と呼ばれる6人の弟子がいて、そこからいくつもの門流が生まれていくが、重要なのは、やがて京都の町衆や江戸の町人のあいだに信仰が広まっていったことである。

「法華経」は、誰もが仏になれると説く仏典であり、そこからは、僧侶と在家との区別は本来ないという考え方が生まれる。それは、日蓮宗の僧侶のあり方にも影響している。というのも、他の宗派では、僧侶になるには受戒が不可欠だが、日蓮宗にはその機会がないからだ。浄土真宗にも受戒はなく、僧侶と一般の門徒のあいだに差はないという考え方が強いが、日蓮宗も同様である。町衆や町人が法華信仰の主体になっていくのもそれが関連する。

法華講という江戸時代の民衆宗教

江戸時代の江戸では、独特な法華信仰、あるいは日蓮信仰が発展を示していくが、その中心になったのが「法華講」である。

講は、もともとは仏教の儀式である法会《ほうえ》のことをさす。ところが日本では、時代が進むと、共通の信仰を持つ人間たち、特に庶民の集まりを「講」と呼ぶようになった。たとえば、念仏を唱えるための念仏講などである。伊勢神宮に参拝するための伊勢講も同様である。

江戸の町人のあいだで盛んになったのが法華講で、有力なものが八つあり、それで「江戸八講」と言われた。

そうした法華講では、日蓮は「お祖師様《そっさま》」と呼ばれ、信仰の対象にもなった。現在でも、東京を中心にした関東の日蓮宗寺院では、日蓮の命日にちなんで、万灯や提灯を掲げ、団扇太鼓を叩き、「南無妙法蓮華経」の題目を唱えながら行列する「お会式《えしき》」と呼ばれる行事が行われている。

こうした法華講のメンバーは皆在家の信者で、僧侶は含まれなかった。江戸時代の日蓮宗の僧侶は、「檀林《だんりん》」と呼ばれる施設で教学を学んだが、檀林で学ぶのは日蓮の教えではなく、天台宗で説かれてきた天台教学であった。在家の信者たちには、それが不満で、直接、日蓮の残した文章である「遺文」を読み、独自の教えの体系を作り上げていった。それが、「俗法門」と呼ばれるもので、代表的なものが、如来教にも見られた日蓮を太陽の垂迹《すいじゃく》・化身とみる日天子法門だった。如来教のきのは、覚善院日行という法華行者とかかわりを持っており、この人物から法華信仰を取り入れている。

法華講は、江戸時代の信仰組織であり、明治以降の国家神道体制とは関係がないので、私の分け方からすれば、民衆宗教ということになる。民衆信仰は、明治時代に入ると変容を迫られることになった。

日蓮主義の強い影響力

新宗教としてとらえられる近代の法華信仰、日蓮信仰が「日蓮主義」である。日蓮主義にはいくつかの流れがあるが、その中核を担ったのが、田中智學《ちがく》のはじめた国柱会であった。国柱会には、詩人で童話作家の宮沢賢治や満州事変を起こした石原莞爾《かんじ》、さらには伊勢丹の創業者の小菅丹治《たんじ》、初代京都局長の金子彌平《やへい》、近衛文麿の父親で華族・政治家であった近衛篤麿《あつまろ》、詩人の北原白秋夫人の菊子、思想家で文芸評論家の高山樗牛《ちょぎゅう》、日本医師会会長を長くつとめた武見太郎なども加わっていた。

さらに、『小説神髄』を書き、演劇の改良運動を推し進めた坪内逍遥、維新の志士でのちに宮内大臣にもなった田中光顕《みつあき》、夫人が会員だった北原白秋、アメリカの詩人であるポール・リシャール、『大菩薩峠』の作者中里介山、そして日本の宗教学の創始者の一人である姉崎正治《まさはる》なども、智學の影響を強く受けたとされている。

私は、姉崎が初代の教授となった東京大学の宗教学研究室の出身だけに、姉崎が智學の影響を受けたことに注目せざるを得ない。宗教学研究室に学生、院生として在籍していた時代には、姉崎と日蓮主義の関係について教えられたことはほとんどなかった。姉崎が書いた『法華経の行者日蓮』(講談社学術文庫)は読んでいたものの、内容には違和感があった。日蓮を礼賛しているように思え、信仰を客観的な立場からとらえるはずの宗教学者の書いたものには思えなかったからである。

姉崎は、京都の第三高校に在学していた時代から文芸雑誌を介して高山樗牛と交流があった。東京帝国大学の哲学科では同級生となり、それで両者は親交を深めた。姉崎は、智學と交流のあった樗牛を通して日蓮を学ぶよう強く勧められ、それが最終的に『法華経の行者日蓮』の執筆に結びつく。

姉崎は、ドイツ留学から戻った後、智學のもとを訪れ、それ以降、智學やその高弟である山川智応《ちおう》と親交を結ぶようになり、国柱会の拠点である三保の松原に建てられた三保最勝閣で講義をすることもあった。さらに姉崎は、智學とともに日蓮主義を代表する日蓮宗の僧侶、本多日生《にっしょう》とも交流を持った。

「法国冥合」を唱えた智學

智學は、幕末の文久年間、1861年に江戸で生まれた。父は、多田玄竜《げんりゅう》という人物だった。玄竜は医師で、もともとは念仏信仰を持っていた。ところが、玄竜が住んだ長屋の棟つづきに「法華の太吉」と呼ばれた屋根屋が住んでいた。太吉は、寿講《ことぶきこう》という法華講を主宰する駿河屋七兵衛の筆頭の弟子だった。玄竜は、太吉との法論に負け、それで法華宗に改宗している。七兵衛の門下は3000人と言われるので、相当な勢力を誇っていたことになる。

玄竜とその妻は相次いで亡くなり、両親を亡くした智學は、10歳のときに、父親が信仰に熱心であり、その菩提を弔うためにということで、日蓮宗の寺に入門し、僧侶としての道を歩むことになった。

僧侶になった智學は、日蓮宗（成立は1872年）の初代管長となった新居《あらい》日薩《にっさつ》が発足させた芝二本榎の日蓮宗大教院で学ぶようになったものの、肺炎にかかって生死の境をさまよったりしたため、19歳のときに還俗している。

ただそれで、信仰を失うことにはならなかった。還俗した智學は、1880年に仲間とともに日蓮仏教の研究会である「蓮華会」を発足させる。日蓮の遺文を読み、日蓮教学について学ぶためだった。蓮華会は、84年に「立正安国会」、1914年に「国柱会」と改称された。国柱会と改称されたのは、日蓮が佐渡流罪中に記した『開目抄』にある「我日本の柱とならむ」ということばに由来する。これは、「三大誓願」と呼ばれるもので、全体は、「我日本の柱とならむ、我日本の眼目とならむ、我日本の大船とならむ」というものである。

智學の活動は多岐にわたり、演劇活動を盛んに行ったりしたが、ここでは、その政治思想について見ていくことにする。

それは立正安国会時代のことになるが、1902年、42歳になった智學は8月から9月にかけて、鎌倉にあった書斎にこもり、独自の思想を練り上げていった。そして、一年かけて、それを講義する。その講義録が、『本化妙宗式目講義録』全5巻であった。

そこで智學が強調したのが、「法国冥合」という考え方であった。法国冥合ということばは智學の造語で、一般には、「王仏冥合《おうぶつみょうごう》」と呼ばれる。王仏とは、世俗の法である王法と釈迦の説いた仏法のことをさし、それが一つに融合されるのが王仏冥合である。智學の法国冥合も、意味するところは同じである。

その根拠は、日蓮による『三大秘法抄』に求められている。『三大秘法抄』は、『三大秘法禀承事』とも呼ばれ、1281年4月8日に身延で執筆されたとされる。このとき日蓮は60歳で、亡くなるのは翌年の10月13日だった。

法華経の教えによる世界の統合

『三大秘法抄』が執筆された時点で、日蓮はすでに病気で苦しんでいたはずで、理論的な文章をまとまった形で書けたとも思えない。内容的にも、日蓮の手になるものなのかどうか、信仰者のあいだで、そして日蓮の研究者のあいだで議論になってきた。

日蓮は膨大な文章を残しているが、そのなかには、「真筆」、あるいは「真蹟」と呼ばれ、日蓮自筆のものが残っているものもあれば、写本でしか残っていないものもある。もう一つ、それまで真筆が残っていたが、身延山の明治時代の火災で焼失したものがあり、それは「曾存《そうぞん》」と呼ばれる。かつて存在したという意味である。『三大秘法抄』は、写本でしか残っておらず、その写本も、15世紀はじめにしか遡れない。その時点ではすでに、日蓮が亡くなってから百数十年が経っていた。

現実には、『三大秘法抄』は、日蓮の手になるものではなく、後世に日蓮に仮託されて作られたものと考えられるが、三大秘法とは、「本門の本尊」、「本門の戒壇」、「本門の題目」の三つから成り立っている。本門の本尊は、日蓮が、佐渡に流罪になったときから書くようになった「本尊曼荼羅」のことである。これは、「南無妙法蓮華経」の題目を中心に、その周囲に、さまざまな仏や菩薩、あるいは神々の名を記したものである。

本門の題目は、本尊曼荼羅の中心に描かれた「南無妙法蓮華経」のことである。日蓮の信奉者は、さかんにこの題目を唱えるし、日蓮宗の寺院に行けば、日蓮が書いた「南無妙法蓮華経」の文字を石碑にして建てているところが多い。

問題は、本門の戒壇である。戒壇は、授戒して正式な僧侶とするための施設だが、本門の戒壇について、『三大秘法抄』では、次のように述べられている。

戒壇とは、王法仏法に冥《みょう》じ、仏法王法に合《がっ》して、王臣一同に本門の三秘密の法を持《たも》ちて、有徳王《うとくおう》・覚徳比丘《かくとくびく》の其の乃往《むかし》を末法濁悪の未来に移さん時、勅宣《ちょくせん》並びに御教書《みぎょうしょ》を申し下して、霊山浄土に似《に》たらん最勝の地を尋ねて戒壇を建立すべき者か。

ここで重要なのは、戒壇が、勅宣や御教書を戴いた上、浄土に近い清浄な地に建てられるべきだとされている点である。それからすると、本門の戒壇は、授戒を行う一般的な戒壇とは性格がかなり異なる。

智學は、「勅宣並びに御教書」の部分を、天皇が戒壇建立の大詔を渙発し、帝国議会で戒壇建立を議決することとしてとらえた。

ただし、智學の主張はそこにとどまらなかった。本門の戒壇の建立によって、日本は法華経の教えにもとづいて統合されることになるが、『三大秘法抄』では、さらに、「三国並に一閻浮提」にも言及されている。三国とは、仏法が伝えられてきたインド、中国、日本をさし、一閻浮提は世界全体のことをさす。智學は、これを根拠に法華経の教えによる世界の統合を最終的な目標に定めたのだった。

国体護持をめざす智學の法華信仰

しかし、法華経信仰による世界の統合と言っても、日本以外の国々がそれを簡単に受け入れることはあり得ない。三国に含まれるインドや中国にしても、インドでは仏教そのものが消滅してしまっているし、中国でも、仏教信仰はかなり力を失っている上、法華経を信奉する天台宗も仏教界全体を支配しているわけではない。

そこで智學は、先に引いた『撰時抄』の「前代未聞の大闘諍一閻浮提に起こるべし」をもとに、信仰をめぐる大戦争が勃発する予言として解釈した。さらには同じく日蓮の『観心本尊抄』をもとに、その戦いが、「賢王」と「愚王」との間に起こるものだとした。賢王は天皇であり、天皇が他国の愚王を倒すことによって法華経信仰が他の国々にも行き渡る。それによって、世界の道義的統一がはかられるというのである。

このように、『三大秘法抄』を通して智學の議論に天皇が登場した。智學は、1897年に刊行された『宗門之維新』という著作では、本門の戒壇を「国立戒壇」と呼んでいた。国立戒壇建立の主体になるのは天皇である。それは、天皇が法華信仰、日蓮信仰を受け入れたときに行われる。ただ、帝国議会の議決が求められるのは、大日本帝国憲法に示された政治的な手続きが不可欠であると判断されたからである。

日蓮は神の信仰を否定したわけではない。だからこそ、本尊曼荼羅には、天照大神と八幡大菩薩（八幡神）の名が書き記されている。釈迦は、信仰の対象ではあっても、あくまで「法華経」を説いた存在であり、創造神ではなく、この世を支配するものでもない。そこが、第1章や第2章で見た新宗教とは異なる。そうした新宗教では、創造神、ないしは絶対神への信仰が強調され、天皇はその下に位置づけられた。智學の信仰には、そうした側面は欠けている。むしろ智學は、天皇に対する信仰を強調した。そして、天皇を中心とした政治体制である国体を擁護する立場をとったのである。

智學は、1909年5月12日に、『日蓮主義』という月刊の機関誌を創刊する。その表紙には、「我れ国体擁護の為に言はん我れ国体擁護の為に起たん我れ国体擁護の為に壽りて此に畢生の心血を注がん」という、日蓮の三大誓願をもとにした標語が印刷されていた。三保の松原に最勝閣が建つのは、その翌年のことで、その名は、『三大秘法抄』に出てくる最勝の地に由来した。最勝閣の最上階は「侍勅殿」と名づけられ、国立戒壇を建立するという天皇の勅宣を待つ場とされた。

世界を一つの家にする八紘一宇

最勝閣が完成した1910年には、社会主義者の幸徳秋水らが天皇暗殺を企てたとして検挙され、12名が死刑に処せられた。「大逆事件」である。これは、実際には冤罪であったが、智學はそれに危機感を抱き、国体擁護を強調するようになり、翌11年8月の最勝閣での講習会からは、「国体学」という用語を使う。22年に刊行された『日本国体の研究』には、「八紘一宇」という章が設けられ、「天祖は之を授けて『天壌無窮』と訣し、国祖は之を伝へて『八紘一宇』と宣す」と述べられていた。

そこで智學は、「道義的世界統一」と「悪侵略的世界統一」とを分け、八紘一宇を道義的世界統一としてとらえていた。

世界人類を還元して整一する目安として忠孝を世界的に宣伝する、あらゆる片々道学を一蹴して、人類を忠孝化する使命が日本国民の天職である、その源頭は堂々たる人類一如の正観から発して光輝燦爛たる大文明である、これで行り遂げようといふ世界統一だ、故に之を「八紘一宇」と宣言されて、忠孝の拡充を予想されての結論が、世界は一つの家だといふ意義に帰する。

日本には八紘一宇の精神に従って世界を統一する義務があるが、それは忠孝といった道徳的な意義にもとづくものであるから、悪侵略的世界統一にはあたらないというのである。八紘一宇ということばは、『日本書紀』にある「掩八紘而爲宇」に由来する。それは、『日本書紀』の神武天皇の即位前紀未年三月の条にあるもので、「八紘《あめのした》を掩《おお》ひて宇《いえ》と爲《なさ》む」と読み下しされる。八紘は、中国の思想書『淮南子』地形訓に出てくるもので、地の果てを意味し、それから転じて天下、全世界を意味するものとなった。したがって、「掩八紘而爲宇」は、世界全体をおおって一つの家にするという意味になる。

智學において、日蓮に対する信仰はこうして国体論へと発展していった。日蓮自身は、天皇という存在を必ずしも重要視してはいなかった。ところが、日蓮の生きた鎌倉時代とは異なり、明治の社会における天皇は最高権力者に祀り上げられた。智學はそれを踏まえ、天皇を『三大秘法抄』で言及された賢王としてとらえたのだ。

仏教には、釈迦が生まれたとき、将来において悟りを開いて仏陀になるか、それとも、政治権力を掌握して「転輪聖王《てんりんじょうおう》」になるか、どちらかだと予言されたという伝説がある。

賢王は、この転輪聖王に近い存在であり、智學は両者を重ね合わせてとらえた。そして、天皇こそが転輪聖王であるとしたのである。天理教の天理王命も、当初は天輪王と呼ばれており、転輪聖王と関連する可能性がある。

明治以降の国家神道体制においては、ここまで述べてきたように、天皇は神聖な存在とされ、最終的には現人神として信仰の対象にもなっていく。その神聖性は神話にもとづいて、皇祖神である天照大神に連なる存在であることによって保障された。そして、こうした天皇の神聖性を脅かすような宗教教団は、不敬罪や治安維持法によって取り締まりの対象になった。

智學の主張は、天皇の神聖性を脅かすものではなく、むしろ天皇に世界を統一する役割を認めることで、その価値を宗教的に補強するものであった。だからこそ、国柱会が取り締まりや弾圧の対象になることはなく、八紘一宇ということばは、第二次世界大戦中には、日本の侵略戦争を正当化するスローガンとして用いられたのである。

日蓮主義の戦争観が引き起こす満州事変

智學の説いた国柱会の思想が、国家神道体制に合致するものであることは、国柱会に入会した軍人、石原莞爾の事例に示されている。

石原は、1889年に、山形県西田川郡鶴岡（現在の鶴岡市）において、旧庄内藩士で、飯能警察署長をつとめていた石原啓介とカネイの三男として生まれた。石原は、仙台陸軍地方幼年学校に入学し、職業軍人としての道を歩む。戦術学や軍事史などに強い関心を持つが、同時に智學の書物を読むようになった。ただし、国柱会に入会するのは、それからかなり時間が経ってからである。

石原の信仰が高まりを見せるのは、陸大を卒業してのちのことである。1919年後半からは、日蓮研究と中国研究に没頭した。石原は、国柱会の機関誌である『毒鼓』を読み、智學の『日蓮聖人乃教義』、『宗門之維新』、『本化摂折論』を買い求め、国柱会館にも通った。さらに、本多日生の『日蓮聖人の感激』も読んでいた（入江辰雄・著『日蓮聖人の大霊と石原莞爾の生涯』近代文芸社）。

ただ石原は、日生にはさほど関心を寄せず、1920年の4月から5月にかけて国柱会館に出向き、智學と面会した上で国柱会に入会している。国柱会には、趣旨に賛成する「協議員」、日蓮の研究を行う「研究員」、そして国柱会の趣旨を絶対的に遵奉する「信行員」という3種類の会員制度があったが、石原は入会と同時に、信行員になっている（阿

関東軍参謀当時の陸軍中佐・石原莞爾氏（1930年撮影）。

部博行・著『石原莞爾――生涯とその時代』上／法政大学出版局）。

　石原の場合、日蓮主義の影響をもっとも強く受けたのが、その戦争観においてであった。石原は、１９２９年7月、満州の長春において、初めて自らの戦争観を講じているが、西洋文明の中心であるアメリカと、東洋文明の中心である日本とのあいだに人類最後の戦争が起こるのは必然であり、それは徹底した殲滅《せんめつ》戦になるとしていた。

　この講話が１９４１年に刊行される『戦争史大観』のもとになっていくが、そこで石原は、自分が最終戦争が必然的なものだと考えるに至ったのは、戦史の研究にもとづくだけではなく、「日蓮上人によって示された世界統一のための大戦争」が重要な因子になっているとしていた。石原はそこで、『撰時抄』の「前代未聞の大闘諍一閻浮提に起こるべし」に言及していた。

石原は、1931年に起こった満州事変の首謀者であり、ここで言われていることは、自らの行為を正当化したものと見ることができる。ただ、そうした考え方を、石原は満州事変以前から抱いていたわけで、自らの戦争観に従って、あえて日本を戦争に深入りさせていったとも言えるのである。

牧口常三郎と日蓮正宗の信仰

しかし、日蓮信仰が必ず戦前の体制と合致するわけではなかった。そこにズレが生じた事例として、創価学会の前身となる創価教育学会のことがあげられる。

創価教育学会が創立されたのは1930年のことだった。創立者は牧口常三郎《つねさぶろう》で、当初は、会の名称が示しているように、教育者の団体としての性格が強かった。それも、牧口が小学校の教員や校長を歴任した教育者だったからである。しかも彼は地理学に強い関心を寄せ、『人生地理学』や『創価教育学体系』といった著作があり、新渡戸稲造や柳田国男が結成した民俗学の研究団体「郷土会」にも参加し、彼らと交流を持っていた。

創価教育学会が創立される直前の1928年、牧口は研心学園（現・目白学園）の校長であった三谷素啓《そけい》という人物と出会い、日蓮正宗《にちれんしょうしゅう》の信仰を持つに至る。三谷は、池袋の日蓮正宗の末寺、常在寺の大石講の幹部であった。大石講の名は日蓮正宗の総本山、大石寺《たいせきじ》に由来する。

日蓮正宗は、日蓮宗の一派で、六老僧の一人であった日興にはじまり、その法門は富士門流と呼ばれる。日蓮正宗には、一般の日蓮宗にはない特異な教義があったが、それは、「日蓮本仏論」、「血脈相承」、そして「本門戒壇之大御本尊（板曼荼羅本尊）」であった。

日蓮本仏論とは、末法の世では日蓮こそが衆生を救済する本仏であるとする主張で、富士門流独自の教えである。血脈相承は、日蓮の正しい教えは日興に受け継がれた後、日蓮正宗の代々の法主に受け継がれてきたとする教えで、これもまた日蓮正宗に独自の思想である。板曼荼羅本尊も、大石寺に伝えられてきたものである。

牧口は、それ以前に日蓮主義に関心を寄せ、1916年頃には、鶯谷の国柱会館で開かれた智學の講演会に何度か足を運んだようだが、国柱会に入会することはなかった。

牧口は、智學とは異なり、国家主義的な政治運動には関心がなかったようだ。むしろ、個人の幸福の実現に関心を寄せ、日蓮の仏法を信奉すれば現世利益《げんぜりやく》がもたらされ、逆に、日蓮仏法に背けば罰が下されると説いた。そして、信仰を告白し、その功徳を発表するための「座談会（生活革新実験証明座談会）」を活動の中心に据えた。

神宮大麻を焼却し獄死した牧口常三郎

創価教育学会の活動は、1940年代に入ってから活発化していく。42年11月に神田の一ッ橋教育会館で開催された第五回総会には600人の参加者があり、会員数も4000人に達した。

牧口は教育者だったこともあり、極めて厳格で、信仰にかんしても徹底して純粋なものを求める傾向が強かった。だからこそ、排他的な性格が強い日蓮正宗の信仰に引かれたのであろう。牧口は、日蓮正宗の信仰にしたがって、伊勢神宮から配られる神札である「神宮大麻《たいま》」を拝むことを拒否し、それを焼却させた。そのため治安維持法違反に問われ、1943年7月6日に逮捕される。牧口は起訴されて、東京巣鴨にあった東京拘置所に収監され、翌44年11月18日に獄死している。

牧口は、会員の父親を折伏するために伊豆下田の須崎に出掛けたおりに逮捕された。下田署に一晩留置されてから、身柄を警視庁に移され、特高二課による訊問を受けた。その際の記録が、「創価教育学会々長牧口常三郎に対する尋問調書抜粋」（内務省警保局保安課『特高月報』昭和18年8月分、のちに宮田幸一監修『牧口常三郎 獄中の闘い――訊問調書と獄中書簡を読む』第三文明社に所収）として残されている。

取り調べのなかで牧口は、日蓮の『立正安国論』を引き合いに出し、日支事変や大東亜戦争などが起こっているのは、日本が、正しい仏法が蔑《ないがし》ろにされている「謗法《ほうぼう》国」だからだとし、「上は陛下より下国民に至るまで、すべてが久遠の本仏たる曼荼羅に帰依し、いわゆる一天四海皆帰妙法の国家社会が具現すれば、戦争飢饉疫病等の天災地変より免れ得るのみならず、日常における各人の生活も極めて安穏な幸福が到来する」と主張していた。

重要なのは天皇に言及した部分で、牧口は、「天皇陛下も凡夫であって」「間違いも無いのではない」と述べていた。凡夫ということばには、普通の人間の意味もあるが、一方で、仏教用語として、「煩悩に束縛されて迷っている人」（『広辞苑』）の意味がある。牧口としては、後者の意味で使っているのだろうが、天皇を凡夫としてとらえることは、その神聖性を否定することにつながる。間違いがあるという主張も同様である。

牧口は、神宮大麻を焼却したことで逮捕されたわけだが、焼却の理由として、日蓮正宗で説かれる「神天上」の教えをあげる。神天上とは、謗法の時代においては、神社に祀られた神々は天に上がってしまい、社殿には代わって悪鬼が入っているので、そこに参詣する必要はないとするものである。伊勢神宮についても、同様だというわけである。これは、伊勢神宮の留守居が魔道であるとする如来教の教えに通じている。

ただし、牧口は、そのように主張すると、世間の誤解を招く恐れがあるので、天皇一元論を立て、「天皇陛下を尊崇し奉ればそれでよし、伊勢の皇太神宮に参詣する必要なしとの信念で来た」と述べていた。

創価学会初代会長・牧口常三郎氏。治安維持法違反で逮捕され、1944年11月18日獄死。

牧口は、自らが信仰する日蓮正宗の教えと国家神道体制との間に生じる矛盾をなんとか回避しようとしているようにも見える。この点を司法がどう判断するのか、注目されるところだが、牧口は拘置所で獄死し、判決は下されなかった。

同じ日蓮信仰でも、江戸時代の法華講の伝統の上に展開された智學の日蓮主義と、日蓮宗のなかでも特異な教えを説いた日蓮正宗を背景とした牧口の創価教育学会の方向性とはかなり異なるものとなった。

日蓮主義は、天皇を至高の存在と位置づけ、それを日蓮の思想によって補強し、日本の帝国主義的な軍事侵略をも正当化した。ところが、創価教育学会の牧口は、天皇を凡夫と言い切ることで、体制側からは危険視されたのだ。

無学から久保角太郎の霊友会へ

法華信仰、日蓮信仰にはもう一つ別の流れがある。それは、霊的な側面を強調する信仰である。その代表となるのが霊友会である。

霊友会の創立者は久保角太郎《かくたろう》と小谷喜美《きみ》だが、そのもとを作ったのは西田無学《むがく》という人物だった。

無学は、本名を利蔵《としぞう》と言い、三重県飯野郡横地村、現在の松阪市に生まれた。彼は横須賀に出て、法華信仰を持つようになり、仏所護念会という組織を作って、布教活動を展開する。この仏所護念会は、のちに関口嘉一《かいち》・トミノ夫妻が霊友会から分かれて作った佛所護念会とは別の組織である。

無学の法華信仰の特徴は、法華経による先祖供養を強調したところにあった。法華経の

「常不軽菩薩品第二十」には、常不軽菩薩《じょうふきょうぼさつ》が、人々に対して合掌礼拝し、それによって仏になった話が述べられており、常不軽菩薩の礼拝の仕方は「但行礼拝《たんぎょうらいはい》」と呼ばれる。無学はこれをもとに、先祖の供養を僧侶に任せるのではなく、自分たちで実践する必要があると説いた。

　無学は、そうした信仰の具体的なあらわれを、「総戒名」と呼ばれる独自の戒名に求めた。無学は、布施の額に応じて戒名に院号や院殿号がつけられている現状を批判し、すべての戒名に院号をつけることを主張した。しかも、総戒名には、夫の祖先と妻の祖先の両方を含むものとし、その基本的な形式を、「誠生院法道慈善施先祖 ○○家 ○○家 徳起菩提心」と定めた。○○家の左に夫の姓、右に妻の実家の姓が入るのだ。これは確かに、一般の戒名とは異なる。夫と妻双方の家をそこに含める点では、近代的なやり方だった。

　また無学は、法華経が長くて、在家の信者が読誦《どくじゅ》するのに向いていなかったため、開経と結経の主要な部分を抜き出して、それに先祖を回向する回向唱と法華経を崇めることを誓う祈願唱を加えた独自の経巻を作り上げた。さらに、祖先の戒名を書き出していく「霊鑑」（過去帳）も定めた。簡略化された経典は、霊友会において、「青経巻《あおきょうかん》」（朝夕のおつとめ）と呼ばれ、総戒名や霊鑑ともども継承された。

無学が亡くなった後、その教えは弟子の増子酉吉に受け継がれる。霊友会を開いた久保角太郎は、1892年に日蓮と同郷の安房小湊に松鷹家の三男として生まれ、久保家に養子に出されるが、その前に一時酉吉のところに預けられていた。それで久保は無学の影響を受けることとなった。

久保家の養母であるシンは厳格であったが、精神錯乱を起こし、つきものが憑くことがあった。そのとき、若月チセという行者が呼ばれ、祈禱が行われた。角太郎は、このチセなどと組んで、「霊の友会」を立ちあげるが、うまくいかず、1925年には兄の小谷安吉・喜美夫妻とともに、「大日本霊友会」を発足させる。

体制に順応した大日本霊友会

角太郎は、喜美に宗教家としての能力があることを見出し、彼女にひたすら戒名を集めてこさせたり、断食させたりといった修行を実践させた。そのなかで、喜美は死者の霊のことばを聞くシャーマン的な能力を体得していく。霊友会の基盤は法華信仰だが、喜美はむしろ天理教や大本の教祖と共通するものを持っていた。ただ、そのきっかけを作ったのは、角太郎が喜美に修行させたことであり、その点で喜美は意図的に教祖に仕立て上げられたとも言える。自らに修行の経験がある分、喜美は、信者に対して厳しく接した。

大日本霊友会は1930年には赤坂伝馬町に本部をおき、その4年後には1000名の会員をかかえるまでになる。37年には関西にも進出し、本部を麻布飯倉に移し、百畳敷の講堂を建てるまでに発展する。すでに日本は戦争の時代に突入していたが、大日本霊友会は体制に順応し、戦争を積極的に支持したことから、弾圧を受けることもなかった。

しかし、喜美の性格がきつく、また、大日本霊友会の一つのベースになっているはずの法華経に対する理解がなかったため、会を離れる人間も出てきた。それが、霊友会から多くの分派が生まれた原因である。分派としては、岡野正道《しょうどう》の孝道会（現・孝道教団）、高橋覚太郎の霊照会（現・日蓮誠宗三界寺）、井戸清行《せいぎょう》の思親会などがあげられる。

霊友会から分かれた教団の中で、もっとも有力な教団に発展するのは、庭野日敬《にっきょう》と長沼妙佼《みょうこう》による立正佼成会（当初は大日本立正交成会）である。二人は霊友会の第四支部に属していたが、脱会して新たな組織を作った。その点では、分派とは言えないが、総戒名など、霊友会の影響は強く受けている。

霊友会の場合には、政治的な側面は欠けていて、独自の政治学を持たなかったために、社会的な問題を引き起こし、弾圧されることもなかった。しかし、二・二六事件の理論的な指導者として処刑された北一輝《いっき》の場合には、同じように霊的な法華信仰を持ち、それが彼の政治思想に強く影響した。

「魔王」北一輝の法華経信仰

北一輝は、佐渡の両津で酒造業の家に生まれ、中学卒業後は、地元の「佐渡新聞」に文章を書くようになる。彼には昤吉《れいきち》という弟がいて、昤吉が早稲田大学予科に進むと、北も東京で弟と同宿し、大学の授業をもぐりで聴講した。彼が受けた高等教育はそれだけだが、23歳のときに、『国体論及び純正社会主義』を執筆している。

その後北は、革命家であり、浪曲師でもあった宮崎滔天《とうてん》が組織した革命評論社に入社して評論活動を行った。また、孫文らが結成した中国革命同盟会に入党して中国に渡り、中国で革命運動に参加する。

北は、1923年に『日本改造法案大綱』という書物を執筆した。これは当初、ガリ版刷りで少部数発行されただけだったが、二・二六事件に参加した青年将校たちに大きな影響を与え、それが北が処刑される原因ともなった。そのなかで北は、華族制の廃止、農地改革、普通選挙、累進課税の強化による私有財産への一定の制限、財閥解体などを掲げていた。これは国体の変革や私有財産制度の廃止に結びつく内容を持っていた。

北がこれを書き上げたのは1919年のことである。北は、上海で断食をし、法華経三昧の生活をしながら30日から40日で書き上げたと述べている。昤吉は、「神がかりの状態で書いたことは争はれない」と語っている（「兄北一輝を語る」／初出は『中央公論』昭和11年7月号、のちに宮本盛太郎『北一輝の人間像──「北日記」を中心に』有斐閣に所収）。

昤吉は、北には天狗のようなものが憑いていて、狂信者であるとしていたが、周囲はそこから北を「魔王」と呼んでいた。

北が信仰生活に入る上で、決定的な影響を与えたのが、「玉照師」と呼ばれた永福寅造《とらぞう》という法華行者だった。永福は北に法華経を読む技術を教えた。

弟の昤吉は、1914年から早稲田大学の講師として哲学を教えるようになるが、17～18年頃に永福と知り合いになる。当時は、催眠術がブームになっていて、昤吉もその研究を行い、永福を自宅に呼んで催眠術の実験を行った。

その実験が行われた際には、精神医学者の中村古峡《こきょう》や民俗学者の柳田国男なども招かれたが、永福が南無妙法蓮華経と数回唱えると、玉川稲荷が現れた。日蓮や白隠も現れたし、芸者になったり、浪花節語りにもなった。昤吉は大学の教授をつとめ、のちには衆議院議員として活躍した政治家でもあり、インテリだった。したがって、永福の神憑りを人格転換という形であくまで科学的にとらえようとしたが、北の方は、それを真実として信じた。

革命思想に発展した北の神秘主義

鎌倉時代の日蓮は、当初はもっぱら法然の浄土宗を批判していたが、やがて禅宗や真言宗、さらには密教を取り入れた天台宗を批判するようになる。その点で、日蓮本人には神秘主義の要素は見られなかったものの、「南無妙法蓮華経」の題目を重視し、さらには題目を中心に諸仏諸菩薩などの名を記した本尊曼荼羅を描き、それを信徒たちに分け与えた。それによって、本尊曼荼羅を前に唱題する行為に並外れた功徳があるという信仰が確立されていくこととなった。

念仏信仰において、「南無阿弥陀仏」と唱える行為は、あくまで死後に極楽往生を果たすためのものだが、題目の唱題は、現世における利益の実現を求めるもので、それをくり返す行為は、当人を忘我の境地に誘う側面を持っていた。そこから、法華宗、日蓮宗においては、法力への信仰が生まれ、神秘主義に傾いていった。無学も永福も、その影響を受けたわけだが、北も同様だった。

北の妻となったのはすず子という女性だが、彼女には、霊友会の小谷喜美のような霊的な能力があった。二人は、1919年末に中国から帰国し千駄ヶ谷に住むようになると、そこで「交霊」を行うようになった。その様子を目撃した二・二六事件では革新派の青年将校として活動した大蔵栄一は、次のように述べたという。

まず、北が、お経（『法華経』）をあげるとのことである。それは、「独特のお経で一切言葉がわからな」いものである、と言う。やがて、だんだん「気合いが入って」くると、横にすわっていた夫人が立ちあがり宇宙遊泳中の飛行士のような動作をする。すると、北はお経をやめて、特大のペン（彼は何でも大きいものを好んだ）をとり、夫人の霊告を書きとめる、という（筆者注・宮本盛太郎著の『北一輝研究』〈有斐閣〉には「昭和48年8月23日、談話」とあるので、宮本が大蔵から直接聞いた話と思われる）。

こうした北の法華信仰が革命思想と結びついていくことになる。

法華信仰が国家神道体制を逸脱したとき

北は、1921年に非売品として頒布された『支那革命外史』の序文において、「不肖はこの書を時の権力階級の人々に配布して支那に去る時、これ『大正安国論』なり、正義を大成して国家を安んずるの道を論叙せるものなりとして書いた」と述べ、『支那革命外史』を、日蓮が北条時頼に勘文《かんもん》として提出した『立正安国論』になぞらえている。

そして、「慈悲と折伏の妙法蓮華経八巻は明治大皇帝の手に守持せられ、武断政策と軍国主義の心的傾向は自由民の全部に普及して日露大戦となれり」と、「法華経」が明治天皇を通して日本の軍事政策のイデオロギーになったと評価した上で、「宇宙の大道。妙法蓮華経に非らずんば支那は永遠の暗黒なり。インドついに独立せず。日本また滅亡せん。国家の正邪を賞罰するものは妙法蓮華経八巻なり。／法衣剣を枚いて末法の世誰か釈尊を証明するものぞ」と、「法華経」こそが国家の正邪を決める基準であり、それを信奉しなければ、国家は滅亡するという考え方を示していた。

北は自宅に「神仏壇」を設け、それにむかって「法華経」を誦読していた。神仏壇には、中央に明治天皇像を据え、左右には「南無妙法蓮華経」と題目を墨書した白木の碑を置いた。さらに、神仏壇のむかって左側には、東郷平八郎による「八幡大菩薩」の掛け軸を掲げていた。

神仏壇において明治天皇を中心に据えたところに、北の明治天皇に対する信仰が示されていた。八幡大菩薩についても、応神天皇と習合しており、天照大神に次ぐ第二の皇祖神としての性格を持っていた。日蓮の本尊曼荼羅においても、天照大神とともに、八幡大菩薩の名は必ず示されていた。

二・二六事件の首謀者とされ特設軍法会議で死刑になる前年の北一輝氏（1936年11月撮影）。

北が妻と組んで、霊友会のような宗教教団を組織していたら、かえって安全であったかもしれない。だが、北の思想には、法華信仰だけではなく、国家を改造しようという政治的な主張が含まれていた。それが、世の中の状況に強い不満を持つ青年将校たちに大きな影響を与えることとなったのである。

北は評価が分かれる人物で、ただの政治的恐喝屋と見なされることもあれば、近代に現れた重要な思想家と見なされることもある。それも、彼の背景には法華信仰があり、その政治思想についても、幻想の政治学としての色彩が濃いからである。そして時代の状況は、それをたんなる幻想には終わらせず、二・二六事件の青年将校たちを現実の政治行動へと駆り立てることとなった。

法華信仰は、天皇の神聖性を脅かさない点では体制側に好ましいもので、それは智學の日蓮主義が示されていた。だがそこに、牧口に見られた過度の厳格さや、北に見られた過剰な部分が含まれるようになると、危険思想として弾圧の対象になったのである。

ここまで、国家神道体制が確立されて以降の新宗教の政治学について見てきた。では、そうした体制が崩れてから、戦後における新宗教の政治思想とその運動はどのように変容していくのだろうか。次の章では、それについて見ていくことになる。

第4章

生長の家と日本会議

敗戦直後の新宗教の政界進出

日本が戦争に敗れることで、GHQによる占領という事態が生まれ、戦前の国家神道の体制は解体された。

それは、信教の自由を大幅に許すことになり、璽宇や天照皇大神宮教のように、教祖が現人神の座を下りた天皇の代わりであると主張する余地を生んだ。

第2章と第3章でも見たように、新宗教のなかには、戦前、不敬罪や治安維持法違反などで取り締まりの対象となる教団も少なくなかった。なかには、それで壊滅的な打撃を被ったところもある。創価教育学会など、もともとそれほど多くの会員を抱えていなかったこともあり、終戦直後には組織としてはほぼ壊滅状態にあった。

政治の力によって信仰は押しつぶされる。戦前の新宗教は、そうした経験をせざるを得なかった。その分、戦後がもたらした解放感は大きなものだった。

そうしたなか、政治の世界に進出した教団もあった。

敗戦の翌年である1946年4月には、戦後初の衆議院総選挙が行われた。これは初めての普通選挙で、20歳以上であれば、男女を問わず投票ができた。被選挙権も25歳以上の国民全体に与えられた。この選挙では、既成仏教教団の関係者8名のほか、天理教の教団役員だった東井《とうい》三代次（奈良全県区）と柏原義則（徳島全県区）が立候補し、当選している。

翌1947年4月20日には、戦後になって生まれた参議院の初めての通常選挙が行われた。その際にも既成宗教や新宗教の関係者が数多く立候補した。この選挙は、中選挙区制の地方区150議席、大選挙区制の全国区100議席を争うもので、12名の宗教関係者はすべて、全国区に立候補している。

そのうち当選したのは、浄土真宗本願寺派僧侶の梅原真隆《しんりゅう》、天理教教師の堀越儀郎《ぎろう》、天理教中央分教会長の柏木庫治《くらじ》、一燈園《いっとうえん》主の西田天香《てんこう》で、ほかに任期が半分となる3年の補欠当選が、生長の家教育部長の矢野酉雄《とりお》、立正学園女学校長（日蓮宗）の小野光洋《こうよう》、曹洞宗僧侶の来間《くるま》琢道《たくどう》であった。日本基督教団の正教師、日蓮宗の僧侶、扶桑教教師なども立候補したものの、こちらは落選している。

浄土真宗本願寺派は全国に多くの門徒を抱えており、梅原は全体の7位で当選している。注目されるのは、衆議院選挙のときもそうだが、天理教から二人の当選者を出している点である。ただ、衆議院議員となった柏原と東井は3期、参議院の柏木は2期議員をつとめているものの、堀越は1期で退いている。天理教の政界進出は、それほど長くは続かなかった。

天理教は、戦前の国家神道体制のもとで、くり返し取り締まりや、メディアからの批判を受け、本来の教えを前面に押し立てることができなかった。そうした事態を避けるためには、政治的な力を持つ必要があると判断されたのであろう。だが、敗戦から時間が経つにつれ、そうした事態が再燃される危険性はなくなっていった。それも、天理教が政治から手を引いた一つの理由だろう。

冷戦構造深化の影響

敗戦直後の日本は、戦争が残した傷跡に苦しめられていた。社会全体が大きなダメージを受け、生活を成り立たせていくこと自体が困難だった。そうした状態からいかに脱していくのか、それが政治の根本的な課題でもあった。復興が第一の目的となったのである。

GHQの戦略も、当初は日本の非軍事化や国家神道体制の解体ということが焦点になっていたわけだが、世界情勢は次第に変化していく。もっとも重要な点は、冷戦構造が深化していった点である。

日本を占領した連合軍は、第二次世界大戦に勝利した国々によって構成されていた。その点では、戦争勝利国がそこに結集していたことになる。そうした国々は、日本、ドイツ、イタリアの全体主義との戦いにともに勝利したという自覚を持っていた。

ところが、連合軍のなかに、体制が根本から異なる国が含まれていた。アメリカやイギリスなどは自由主義、資本主義の国だが、ソ連は社会主義、共産主義の国である。ソ連は戦後、東ヨーロッパの国々を囲い込む政策をとり、そうした国々にも社会主義、教団主義の政権が誕生した。しかも、終戦から4年が経った1949年には中国で共産党が政権をとり中華人民共和国が成立した。その後も、朝鮮半島には朝鮮民主主義人民共和国（北朝鮮）が、ベトナムにはベトナム民主共和国（北ベトナム）が誕生した。これによって、一気に共産圏が拡大し、自由主義圏との対立が深まったのである。

こうした世界情勢の変化は、国内にも影響した。日本の敗戦によって、獄中にとらえられていた日本共産党の党員は釈放され、自由に活動ができるようになった。それによって労働運動が盛んになり、デモやストライキが頻発した。なお、やはり獄中にあった新宗教の教祖や幹部も釈放されている。

ところが、冷戦構造が深まっていくと、GHQは方針を変え、共産党を弾圧する方向に転じる。それを象徴するのが、1950年6月から行われたレッドパージ（赤狩り）で、共産党の党員やそのシンパが、公職や企業から追放された。その数は1万人を超えた。

こうした時代の変化のなかで息を吹き返し、政治の世界にも大きな影響を与えるようになった新宗教があった。

それが生長の家である。生長の家は、初めての参議院選挙で、補欠ではあるが当選者を出している。当選したのは生長の家教育部長の矢野酉雄であった。ただ矢野は、1947年に生長の家を離れたため、1期つとめただけだった。その後二度国政に挑んだが、いずれも落選している。

インテリ教祖谷口雅春

生長の家は、1930年に谷口雅春《まさはる》によって創立されている。

谷口は、早稲田大学に入学した経験があり、インテリだった。こうした教祖は珍しい。天理教の中山みきにしても、戦後の璽光尊や北村サヨにしても、教祖は高等教育などまったく受けていなかった。

谷口は、最初文学に関心を持ち、それで早稲田大学の文学部に入学した。ところが、前科のある女性と深い関係に陥ったため、実家から学資を止められる。それで工場労働者となるが、それと並行して紡績関係の英語の雑誌を翻訳し、原稿料を稼いでいた。

そうした生活を送っていた谷口は、やがて心霊治療や催眠術に関心を持つようになる。大正時代のことになるが、当時はそうしたものが流行していた。今日のスピリチュアル・ブームにあたる現象だが、その背景には自由な社会風潮を生んだ大正デモクラシーがあった。御船千鶴子《みふねちづこ》という超能力者が注目されたのは、明治時代の終わりのことである。

そこから谷口は大本に入信する。大本は、開祖である出口なおの神憑りから出発した新宗教だが、出口王仁三郎が加わることで、その性格は大きく変わった。心霊主義の団体としての性格を強く持つようになる。また、さまざまなメディアを駆使して、勢力を拡大していった。王仁三郎の常人とは異なるユニークな性格もあいまって、大本には多くの知識人が引き寄せられた。劇作家の小山内薫や日本海海戦の英雄、秋山真之《さねゆき》などである。大本に入信した谷口は、その文才を買われ、大いに活躍した。

しかし、谷口は大本に飽き足らないものを感じるようになり、脱退する。大本では、最後の審判が起こり、世の中の立て直しが行われると予言されていたが、それが外れたことも影響した。谷口は、自らの思想を確立するために長編小説の執筆を試みるが、その本は、配本日に関東大震災によって焼失してしまう。

谷口を宗教家として独立させる上で重要なのは、その宗教体験である。谷口は、神戸にいたが、東灘区の本住吉神社に参拝するのを日課にしていた。ある日彼は、「色即是空」という般若心経のことばを思い浮かべながら静座して合掌瞑目していたが、どこからともなく大波のような低く、威圧するような声がして、「物質はない！」と聞こえた。つづけて「空即是色」を思い浮かべると、また、「無より一切を生ず」という声が返ってきた。谷口は、この問答を通して、こころというものは実在せず、その代わりに実相があり、その実相こそが神であると悟る。すると、「お前は実相そのものだ」という天使たちが自分を讃える声が聞こえてきた。

この体験を経て、谷口は、それを伝えるための雑誌を刊行するようになる。それが『生長の家』で、やがて各地に雑誌の購読者グループが生まれる。なかには、雑誌を読んだだけで病気が治ったという人間も現れ、『生長の家』は、「雑誌の形をした聖書」であるとされ、雑誌を購読する会員、誌友の間では「神誌」と呼ばれるようになる。

最初神戸にいた谷口は、やがて東京に進出し、『生長の家』の合本を『生命の実相』という聖典として刊行するようになる。谷口は、その広告を全国の主要新聞に掲載し、病気が治った事例も紹介した。これを見た評論家の大宅壮一は、『生命の実相』を読みさえすれば、万病が治り、すべての危険が避けられ、就職は絶対確実で、貧乏が向こうから逃げていくというほど素晴らしい誇大広告がかつて新聞紙上に現れたことがあっただろうか、と皮肉っていた。

「日本は決して負けたのではない」

谷口は、その経歴が示すように、文学青年ではあったが、むしろ才能は巧みなアジテーターというところにあった。アジテーターは時代の動きや空気をつかみ、それに乗って景気のいい、ときには激烈なことばを発する。谷口はまさにそうした人物だったわけだが、すべての宗教の根源は一つであるという万教《ばんきょうき》帰一《いつ》を説き、その根源を天皇に求めるようになる。

谷口は、生長の家が刊行するようになった『生命の教育』という雑誌の1940年9月号の巻頭言として、「天皇信仰」という文章を発表している。それは、「天皇への帰一の道すなわち忠なり」ではじまり、「天皇は一なり。ハジメなり。一切のもの、天皇より流れ出でて、天皇に帰るなり」と、天皇が究極の存在に位置づけられ、さらには、「天皇は、天照大御神と一体なり。天照大御神は、天之御中主神と一体なり」とされていた。

谷口が悟りの体験を経て、自己と一体であるとした実相は、ここには登場せず、実相と天皇との関係は説明されていない。だが、実相ということが表に出ないことによって、天皇への信仰が強調されている。あるいは、実相が天皇という形をとったとも言える。谷口には法華信仰、日蓮信仰の影響はないが、こうした天皇の位置づけは、日蓮主義と共通する。つまり、戦前の体制と合致していたのである。

谷口は、太平洋戦争が勃発すると、これは「聖戦」であると主張する。イスラム教で言えば、「ジハード」である。その際に谷口は、中国軍を撃滅するために「念波」を送ることを国民に呼びかけた。しかも、戦局が悪化すると、谷口はアメリカやイギリスとの和解を断固退け、文部省が編纂したパンフレット『國體の本義』の内容が手ぬるいとして、文部大臣を機関誌の誌上で叱ったりもした。『國體の本義』は、天皇が現人神であることを強調した内容だった。谷口は、過激な天皇主義者として活動を展開したのである。

こうした主張を行っていた以上、敗戦は谷口自身にとっても信仰上の決定的な敗北になるはずだった。ところが、アジテーターの本領が発揮されたということだろうか、谷口は、「日本は決して負けたのではない」「ニセ物の日本の戦いは終わった」のだと敗戦を合理化し、生長の家の教えのなかには、「本来戦い無し」ということばがあるとし、平和主義だと主張した。

御都合主義として批判されても仕方のない主張だが、敗戦から間もない1945年11月には、日本の復興をめざして社会事業団を設立し、天皇制の護持を唱える全国精神主義連盟を結成した。けれども、谷口の戦時中の言論活動が超国家主義であったとして公職追放とされたため、そうした事業や運動は思うように進まなかった。

生長の家を復活させた冷戦の深化

敗戦を認めない谷口の考え方は、常識外れで、とても支持者を得られないはずのものだった。ところが、生長の家の信仰が戦前からブラジル移民の間に広がっていたことで、ブラジルで信者を増やすことに結びついた。というのも、ブラジル移民のあいだでは、日本からの距離が遠いこともあり、日本は戦争に勝ったとする「勝ち組」と敗北したとする「負け組」が生まれ、両者の対立は暴力的な事件にまで発展していたからである。勝ち組にとっては、谷口の考え方は自分たちを正当化する意味を持った。その後、生長の家の信仰は、日系人以外のブラジルの人たちのあいだにも広がっていく。

ブラジルはともかく、日本の生長の家は、敗戦と戦後の占領という事態によって、積極的に活動できなくなっていた。しかし、すでに述べた世界情勢の変化は、谷口と生長の家に復活の機会を与えた。冷戦構造が深化していくことで、国内では、左翼と右翼の対立が激化する。

生長の家の創始者・谷口雅春氏（1955年撮影）。

左翼には、その背景にマルクス主義のイデオロギーがあった。マルクス主義をどのようにとらえるのか、それをどう現実に適用するかでは、さまざまな考え方があったものの、それは現実を変革するための方向性を示すものとして受け取られ、資本主義体制のもとで抑圧されている労働者に希望を与えるものであった。社会に対して批判的な知識人も、マルクス主義をもとに主張を展開し、社会に影響を与えることができた。

それに対して、右翼の場合には、マルクス主義に匹敵する強力なイデオロギーが欠けていた。敗戦によって、天皇を中心とした政治体制である国体を護持し、天皇に忠義を果たすことに至上の価値があるとする皇国史観は崩れ去った。戦前の大日本帝国憲法は皇国史観を支えるバックボーンとなったが、戦後の日本国憲法では、天皇は日本国の象徴という特別な地位を与えられたものの、統治権や統帥権は奪われ、政治上の権限を行使することができなくなった。

谷口は、機関誌である『生長の家』1952年10月号に発表された「真に平和の基礎となるもの」という論文で、「占領軍の占領政策として無理にサーベルの圧迫下に於いて定められた憲法は、日本の独立、そして占領の停止と共に停止せらるべきもので」あると、明治憲法、大日本帝国憲法の復元を主張した。谷口が、戦後の日本国憲法を否定し、戦前の憲法へ帰れと訴えたことは、戦後の体制に必ずしも賛同しておらず、共産主義を脅威に感じていた人々にとっては歓迎すべきことで、右翼のイデオロギーとして広く浸透していくこととなった。

生長の家は、明治憲法復元を掲げるだけではなく、社会をそこに近づけるために日の丸掲揚運動、紀元節復活運動、優生保護法改正運動などを展開していく。こうした運動は、生長の家の信者だけではなく、広い層に支持者を生み、運動としての盛り上がりを見せていった。紀元節はそのままの形では復活しなかったが、「建国記念の日」として1966年に祝日と定められている。

靖国問題が激化させた左右の対立

政治的な左右の対立は、1960年の日米安保条約の改定をめぐって頂点に達する。国会では、社会党を中心とした革新政党が新しい安保条約の批准に反対し、自民党が強行採決に出ると、国会の外では連日のように安保反対のデモがくり返された。

結局、安保改定を推し進めた岸信介内閣は、混乱の責任をとって退陣に追い込まれる。ただそれで左右の対立は激化し、1960年代は政治の季節となり、特に左翼の政治運動は盛り上がりを見せていく。60年代半ばには、ベトナム戦争も勃発し、それに対する反対運動が日本国内でも盛んになる。大学がさまざまな問題を抱えていたこともあいまって、学生運動も活発化し、大学紛争が各地で勃発するようになる。

もう一つ、左右の対立を激化させたのが、靖国神社の問題である。それは、生長の家をはじめとする新宗教にも影響を与えていく。

靖国神社は、最初、明治政府を生むことに貢献した官軍の戦没者を祀る施設として誕生したが、日本が日清・日露という対外戦争に打って出ると、その戦没者を主に祀る施設に変貌していく。太平洋戦争では膨大な戦没者が生まれ、彼らは戦後、靖国神社に祀られる

1941年4月25日、靖国神社入りする昭和天皇乗車の御料車を迎える戦没者の遺族たち。

ようになっていく。

GHQは当初、靖国神社が日本軍が管轄する国家神道の重要な施設であることからその廃止も検討するが、戦没者を祀る施設はどの国にもあるもので、結局は廃止されなかった。ただ、日本軍が解体されたこともあり、靖国神社は国の管理から離れ、宗教法人令のもと民間の宗教法人となった。

ところが、靖国神社はもともと国が設置したものであり、戦没者は、天皇の「親拝」を受けることが前提になっていた。そこで戦後、靖国神社の国家護持を実現する運動が盛り上がりを見せていく。

そこには、太平洋戦争の戦没者が多数

にのぼり、戦後に結成された財団法人日本遺族会が膨大な数の会員を抱えていたことが影響した。1967年の時点で、遺族会の会員は約125万4200世帯にまで及んでいた。

日本遺族会にそれだけの会員が集まったのは、靖国神社に祀られることが軍人恩給の対象者になることを意味したからである。靖国神社に祭神として祀られる戦没者の名簿を作成したのは厚生省の引揚援護局で、その前身は陸軍省と海軍省であり、職員も元軍人だった。戦没者の名簿を持っているのは軍隊だけで、だからこそそうした体制が生まれたのだった。

戦没者の遺族としては、自分たちの家族は国のために命を落としたのであり、それを英霊として祀る靖国神社は国が管轄すべきだという考え方があった。そこで、靖国神社の国家護持の運動に力を入れることになったのだが、それに対しては、左翼陣営の側から強い反発を生むことになった。

結局、憲法に政教分離の規定があるため、靖国神社の国家護持を実現するための法案は、国会に上程されたものの廃案となり、実現しなかった。国家護持のためには、靖国神社の非宗教化が不可欠とされたが、それが難しかったからである。

それでも、靖国神社の国家護持に賛成する側と反対する側の対立は、左翼と右翼の対立をさらに激化させた。国家護持の運動は、1950年代前半にはじまり、1974年の国会で自民党が靖国法案を衆議院で単独採決したものの参議院で廃案になったことで事実上終焉を迎えるまで続いた。

日本会議の誕生

生長の家では、左右の対立が激化していくなかで、自分たちの主張を政治に直接に反映させようとして、1964年には「生長の家政治連合」を結成する。この組織を基盤として自民党の参議院議員を都合4名当選させることに成功した。玉置和郎《かずお》、村上正邦《まさくに》などである。

また、左翼の学生運動に対抗するため、1966年には、「生長の家学生会全国総連合（生学連）」が組織されている。当時は左翼の方が圧倒的に数が多く、果たして生学連がそれにどれだけ対抗できたかは不明だが、一水会の鈴木邦男などは生学連で活動した一員である。右派の学生運動としては、生学連と旧統一教会の原理研究会があるだけだった。

生長の家が加わった運動としては、「日本を守る会」があった。日本を守る会は、臨済宗円覚寺派の管長だった朝比奈宗源《あさひなそうげん》を発起人として1974年に結成されたもので、そこには、既成仏教や神道からは曹洞宗や日蓮宗の管長、あるいは明治神宮の宮司が役員として名をつらね、さらに生長の家の谷口をはじめとして、佛所護念会や世界真光文明教団、修養団、モラロジー研究所といった右派的な新宗教、ないしは修養団体の代表が加わっていた。

この日本を守る会は、第五代最高裁判所長官だった石田和外《かずと》が退官後の1978年に結成した「元号法制化実現国民会議」を母体とし、それを改組して81年に誕生した「日本を守る国民会議」団体と合体し、97年に「日本会議」へと発展していく。

日本会議は、「誇りある国づくり」をスローガンとして掲げ、国会には超党派による「日本会議国会議員懇談会」が設立された。日本会議が携わった運動は、元号法制化の実現、昭和天皇在位60年や平成元年の天皇即位の際の奉祝運動、歴史教科書の編纂事業、自衛隊PKO活動への支援、新憲法の提唱などである。

こうした日本会議の運動は、もともと生長の家が積極的に推し進めていたもので、そこに影響関係が認められるが、生長の家自体は、日本会議が生まれるはるか前の1983年に日本を守る会から脱退している。

それは、生長の家の内部で政治活動を続けるかどうかで路線対立があったからだが、自民党が優生保護法の改正に熱心ではないことが最終的に影響した。自民党の圧力団体には日本医師会があり、日本医師会は優生保護法の改正に反対だったからである。そして、1985年には谷口が91歳で亡くなっている。

明治憲法の復元

生長の家自体は、1980年代前半に政治から撤退し、谷口が亡くなった後は、右派的な立場から政治的な発言を行うことはなくなり、むしろ近年ではエコロジーを基盤とした宗教団体として活動を展開している。

しかし、谷口の思想、特に明治憲法復元というスローガンは、左翼の運動を否定するとともに、戦後のGHQの占領政策に強い不満を持つ人々には強く訴えるものを持っていた。その影響は、生長の家が加わることがなかった日本会議にも及んでいる。実際、日本会議事務総長の椛島有三《かばしまゆうぞう》は、長崎大学の学生だった時代に、生長の家を信仰し、右派の自治会を成立させた経歴を持っている。

現在でも日本会議に加わっている新宗教としては解脱会、念法眞教、佛所護念会、崇《すう》教真光《きょうまひかり》、オイスカインターナショナル（母体が三五教）、大和教団があり、倫理団体としてはモラロジーと倫理研究所がある。このなかでもっとも信者が多いのが崇教真光である。

日本会議のことは、2016年になって突如、大きな話題になった。当時は第三次安倍内閣の時代で、閣僚のなかに、日本会議国会議員懇談会に所属する議員が多いということで、日本会議と安倍政権の関係がさまざまに取りざたされたのである。

この時期に刊行された日本会議を扱った本の一つ、青木理『日本会議の正体』(平凡社新書)では、日本会議と関連するフロント団体、友好団体として、「美しい日本の憲法をつくる国民の会」、『21世紀の日本と憲法』有識者懇談会」、「明治の日推進協議会」、「みんなで靖国神社に参拝する国会議員の会」、「日本の建国を祝う会」、「平和安全法制の早期成立を求める国民フォーラム」の名があげられ、日本会議の広報担当者がそれぞれの団体との関係を認めたことが述べられている。

そして青木は、日本会議の源流に生長の家があることを強調している。「日本会議という強大な右派団体をつくり、育て上げた者たちの中枢や周辺に、全共闘運動華やかなりしころに右派の学生運動を組織した生長の家の信者たちがいることは、消せない事実として厳然と存在する」というのである。

幻想を超えた生長の家の政治思想

谷口雅春時代の生長の家には、明確な政治思想があった。その軸は明治憲法の復元であり、戦後この考え方を強く打ち出し、もっとも影響力を発揮したのが谷口だった。それは、左翼のマルクス主義のイデオロギーに対抗するための右派的なイデオロギーとして多くの共感者を生み、現実の政治運動に多大な影響を与えた。

その影響は、冷戦構造が崩れた後も続いた。それ以外に、日本の価値を強く打ち出すイデオロギーが生み出されなかったからで、日本会議国会議員懇談会に集うような政治家には、政治活動を展開する上で基盤となるものになった。

その点で、生長の家の政治思想を幻想の政治学としてとらえていいかが問題になってくる。それは、現実の政治に多大な影響を与えた。彼らの政治思想は、生長の家の教祖や信者にのみ共有されたものではなく、広範囲に共有された。

それは、生長の家の政治思想が、戦前における政治体制を背景にしていたからである。戦前の日本では、天皇を中心とした政治体制である国体が決定的に重要な意味を持ち、国体を護持することが国家の課題ともなっていた。谷口は、そうした体制を新たに作り上げることを提唱したわけではなく、そこへの回帰をめざした。戻るべき政治体制は、すでに経験されたものであるだけに、イメージはしやすい。

しかも、敗戦と占領という苦難の時代を経てきた日本人は、戦前にノスタルジーを感じるようになっていた。戦前は、大日本帝国がその版図を拡大し、未だに戦争に敗れるという経験をしていなかった。占領によって自由を奪われた時期が続いただけに、そうしたノスタルジーは強化された。占領の産物である日本国憲法が廃止され、明治憲法が復元されれば、社会は大きく変わるのではないか。そうした期待を抱かせたのである。

もちろん、すべての人々がその思いを共有したわけではない。明治憲法下で自由を奪われた人々もいた。新宗教のなかにも、そうした経験をしたところがあった。戦争に駆り出され、戦地で凄惨な体験をした人間からすれば、明治憲法とそれによって神聖視された天皇にこそ責任があるという思いがあった。彼らにとっては、明治憲法の復元は悪夢でしかない。

序章でふれた旧統一教会では、神側とサタン側に世界を分ける独特な思想があるわけだが、それは、彼らがかかわりを持った自民党の議員に共有されたわけではない。そもそも議員は、旧統一教会とその関連団体が、そうした思想を持っていることを認識していない。

そこが、生長の家の場合とは根本的に異なるのである。

次には、戦後の大きな変化として高度経済成長のことを取り上げる。それは、創価学会をはじめとする新宗教を巨大教団に押し上げることに貢献した。それはなぜなのか。そして、創価学会が政治の世界に進出する上での政治思想はどのようなものであったのか。それを見ていくことにする。

第5章

創価学会の政治学

朝鮮特需という起爆剤

戦後の大きな変化としては、前の章でふれた冷戦構造の深化とともに、高度経済成長があげられる。

経済という側面での敗戦直後の課題は、いかに敗戦から立ち直るかであった。戦時中、主要都市はアメリカ軍の空襲を受け、壊滅的な被害を被った。広島や長崎は、原子爆弾を投下された。

日中戦争が勃発した直後の1938年4月には、国家総動員法が公布され、翌月に施行された。これは全面的な戦時統制法で、戦争を遂行するための人的、物的資源を統制する権限を政府に与えるものだった。これに伴い、国民徴用令、生活必需物資統制令、価格等統制令、新聞紙等掲載制限令などが勅令として定められた。

経済や資源を統制することは社会主義の政策であり、国家総動員法は、ソ連邦の計画経済の影響を受けているとも言われる。この法律は、敗戦によって廃止されるものの、経済を官僚が統制するという仕組みは、戦後の経済政策にも多大な影響を与えた。戦争に深入りし、経済を国家が統制したことが、かえって戦後の復興の大きな武器になり、高度経済成長に結びついたのである。

さらにそこには冷戦の影響もあった。

1948年、朝鮮半島には北の朝鮮民主主義人民共和国と南の大韓民国が成立し、分断された二つの国家が対峙することになった。両国の間に勃発したのが1950年の朝鮮戦争で、それは、共産主義圏と自由主義圏の代理戦争の様相を呈した。

戦争を遂行するには膨大な物資が必要である。朝鮮戦争では、在朝鮮アメリカ軍、在日アメリカ軍は日本から大量の物資を調達した。これが「朝鮮特需」となるが、その総額は停戦が実現する1953年までに24億ドル、55年までに全体の累計で36億ドルに達した。この時期、通常の貿易による輸出額は1年間で10億ドル程度だったので、いかに特需が大きいものであったかがわかる。これが、50年代半ばからの高度経済成長の起爆剤となった。

労働力の移動による新宗教の躍進

高度経済成長は日本の社会を大きく変え、やがては日本を経済大国に押し上げていくことになるが、それに伴って起こったのが、産業構造の転換だった。それまでの日本は農業や漁業、林業などの第一次産業が中心だったが、第二次産業の鉱工業、第三次産業のサービス業へと重心が移っていく。

高度経済成長がはじまる前の1950年においては、労働人口比率は第一次が48・6パーセントで、第二次の21・8パーセント、第三次の29・7パーセントを上回っていた。

それが、1960年には、それぞれ32・7パーセント、29・1パーセント、38・2パーセントとなり、70年には、19・3パーセント、34・1パーセント、46・6パーセントと大きく変化した。第一次産業は中心ではなくなり、第二次・第三次産業が中心の座を奪ったのである。

第一次産業は地方での産業だが、第二次・第三次となれば、それは都市の産業である。そうした産業が勃興すれば、そこで働く労働力が必要となる。その供給源となったのが地方であり、地方から都市への労働力の移動という現象が起きた。多くの人間たちが故郷を出て、都市へとむかった。労働人口比率の変化は、その結果である。

農家で考えてみるならば、家を継げるのは子どものうち一人だけである。耕地は限られており、それを数人の子どもで分割相続すれば、一家を養っていけるだけの収量をあげることはできなくなる。そこで、多くの地域では長男（地域によっては末子）が農家を継ぐ。そうなると、次男や三男は、他の家の養子となるか、家を出て別の仕事につかなければならない。家に留まれば、使用人同様の境遇におかれ、結婚もままならないからだ。

そうした状況があるために、真っ先に農家の次男・三男が都会へ出ていくこととなった。この時代、まだ教育の機会は十分に与えられておらず、中卒や小卒がほとんどだった。1947年まで、義務教育は小学校の6年間だけだった。

十分な学歴がないということは、就職先が限られることを意味した。中小企業ならましな方で、零細企業や小規模の商店に就職するしかなかった。就職先自体が不安定で、すぐに職を失う危険性もあった。何より、故郷には確固とした地域共同体があり、相互扶助の仕組みが整っていた。ところが、都市に出てきたばかりでは、すぐに地域共同体の一員になれなかったし、そもそも都市ではそうした共同体は地方ほど発達していない。

その際に受け皿になったのが新宗教である。創価学会や立正佼成会・霊友会、あるいはPL教団などが、都市で生活難に直面している人間に救いの手を差し伸べることで、急拡大していった。

なかでも創価学会がもっとも勢力を拡大していくことになるが、1950年代前半に最初に信者を増やしたのは、立正佼成会や霊友会、あるいはPL教団だった。創価学会の急拡大は少し遅れる。

創価学会と新宗連の関係

新宗教の連合組織として、最初に誕生したのは1951年8月に設立された新宗教団体連合会である。そこには、PL教団、立正佼成会、世界救世教、惟神会《いしん》、そして前の章で取り上げた生長の家が加わった。これが、同年10月に財団法人新日本宗教団体連合会(新宗連)に発展し、その際に他の教団も加わった。その後も加盟する教団は増え、主なところでは、円応教《えんのう》、解脱会、松緑神道大和山、真如苑、崇教真光、善隣教、佛所護念会、妙智会教団、霊波之光《れいはのひかり》などである。

ただ、世界救世教、真如苑、生長の家はのちに脱退し、現在は加盟していない。重要なのは、創価学会が一度も加盟していないことである。

創価学会が政界に進出すると、新宗連も自民党を支援し、議員を政界に送り込むようになる。その点で、新宗連は創価学会に対抗するための組織であるかのようにも見える。だが、新宗連が発足した1951年末の時点で、創価学会の会員数は5700世帯に過ぎなかった。一方、新宗連の中核を担う立正佼成会は9万世帯をすでに超えていた。新宗連が生まれた時点では、創価学会の規模はまだ小さかった。それで声がかからなかった可能性

1976年8月14日、東京・千鳥ヶ淵戦没者墓苑で行われた新宗連の戦没者慰霊祭。

もある。

ただ、創価学会の場合には、1930年に創価教育学会として発足して以来、1991年まで日蓮宗の一派である日蓮正宗と密接な関係を持っていた。日蓮正宗は既成仏教の教団で、創価学会に入会すると、自動的に日蓮正宗の檀家になる仕組みになっていた。

日蓮正宗は、日蓮の直弟子である六老僧の一人、日興の系譜を引く富士門流に属し、すでに述べたように、他の日蓮宗には見られない特異な教義を掲げていた。特に日蓮の正しい教えは日蓮正宗の法主にだけ受け継がれているという信仰があり、他の日蓮宗の信仰を否定しただけではなく、他の宗教や他の主派の信仰も認めなかった。創価学会の会員が神社の鳥居さえ潜らなかったのも、こうした日蓮正宗の教えの影響である。

創価学会では、布教の手段として「折伏《しゃくぶく》」を採用した。これは、相手を論破することによって信者にするもので、「謗法払い《ほうぼうばら》」と称して、他の宗教や宗派の神棚や仏壇を焼却することさえ行った。さらに、会員が折伏をする際の手引きとなる『折伏教典』を編纂し、創価学会・日蓮正宗の教えを示すとともに、他の宗教や宗派のどこに問題があるかを教えた。そこに創価学会の排他性が生まれる原因があったので、たとえ新宗連への加盟を呼びかけられても応じなかった可能性は高い。

立正佼成会も、それを設立した二人の開祖、庭野日敬と長沼妙佼が信者だった霊友会も、創価学会と同様に法華系、日蓮系の教団である。ただ、立正佼成会と霊友会は、日蓮正宗のような特定の既成仏教宗派と密接につながっているわけではなかった。

創価学会では、日蓮正宗との関係があるため、葬儀をはじめとする儀式は、日蓮正宗の僧侶にすべて依頼することができた。そのため、他の宗教や宗派とかかわりを持つ必要がなかった。ところが、立正佼成会・霊友会では、日蓮正宗にあたる存在がなかったため、葬儀などは、会員がもともと属していた宗派の形式で営まれた。この点でも、立正佼成会・霊友会は他の宗教や宗派と融和的だったが、創価学会は排他的だったのである。

都市的な先祖供養と特異な創価学会の仏壇

もう一つ、創価学会と立正佼成会・霊友会との大きな違いは、会員の集まりの仕方にあった。創価学会では「座談会」が中心で、立正佼成会・霊友会は「法座」が中心である。座談会では、折伏の成果や信心によって人生がどのように変わったのかを、他の会員の前で発表する。それに対して法座では、会員が悩みを打ち明け、それに対するアドバイスを法座を主宰する支部長などから得ることになる。

家庭生活や社会生活において問題が起こったとき、創価学会であれば、「南無妙法蓮華経」の唱題を行い法華経を読経する勤行《ごんぎょう》を実践することが勧められ、相手を折伏することが何よりもの解決法であると説かれる。それに対して、立正佼成会・霊友会では、問題が起こるのは自己に原因があり、自らのこころのあり方を変えることで状況を変え、それで他者の態度を変えさせるようにと説かれる。方向性は正反対だった。

立正佼成会・霊友会の法座で持ち出される悩みは、家庭内での問題が多い。横山真佳《みちよし》は、立正佼成会の機関誌である『佼成』に載った体験手記をもとに、「酒乱の主人、家庭をかえりみない夫、子供の事故、不治の病など、家庭の問題が目立つ」と指摘している（「立正佼成会――法華信仰と先祖供養」『新宗教の世界Ⅱ』大蔵出版）。

家庭内に問題を抱えているということは、立正佼成会・霊友会の信者はすでに結婚し、家庭を持っているわけである。そのことは、立正佼成会・霊友会の特徴となる「総戒名」にも示されている。それは先述の通り、「誠生院法道慈善施先祖 ◎◎家 △△家 徳起菩提心」という形をとり、夫と妻双方の家の先祖を祀る。これは、霊友会のもので、立正佼成会になると「諦生院」が使われる。

日本の先祖供養では、妻は夫の家に入るという感覚が強く、夫の家の先祖だけを祀る。ところが、都市の家庭の場合には、双方が家を離れているため、夫と妻双方の祖先を祀るという形式が好まれたのであろう。その点で、立正佼成会・霊友会の先祖供養は都市的な信仰の形態であった。総戒名は仏壇に祀られることになる。

一方、創価学会で仏壇に祀られたのは、日蓮正宗の寺院から授かった曼荼羅である。それは、日蓮が中央に南無妙法蓮華経と大書し、周囲に菩薩や神の名を記したものだった。日蓮正宗では、本山の大石寺にある板曼荼羅こそが、唯一無二の本尊であると位置づけ、それを書写したものが信者に渡された。創価学会の会員は、その曼荼羅を仏壇に飾り、そ

完成した日蓮正宗総本山大石寺の大客殿（1964年３月撮影）。

の前で朝晩勤行を行った。創価学会の会員にとっての仏壇は、先祖を供養するためのものではなかった。

創価学会がこうした形式を、一定の意図を持って採用したかどうかはわからない。だが、そうした仏壇の祀り方は、まだ結婚していない単身者にも可能なやり方だった。創価学会の急拡大は、地方から都市に出てきたばかりの独身者を多く取り込んでいったからだ。折伏のような戦闘的な布教の方法も、若者にふさわしいやり方だった。

都市下層であった創価学会員

創価教育学会の創立から、初代会長である牧口常三郎が獄死したことについては、すでに第3章でふれた。牧口とともにとらわれていたのが、戦後、創価教育学会を創価学会と改称し、その立て直しを行った戸田城聖《じょうせい》である。戸田は、日本の敗戦直前に釈放され、それ以降、組織の立て直しに邁進する。

戸田は、最初、代用教員をしており、牧口と師弟関係を結ぶが、すぐに実業の世界に転じ、教育産業で成功をおさめる。戦後も、事業を続けるかたわら、宗教活動を展開し、創価学会を大教団に発展させていく基礎を作った。1951年5月に創価学会の二代会長に就任するが、その際には、自分が生きている間に75万世帯の折伏を行うと宣言し、周囲を驚かせた。すでに述べたように、その年の末でも創価学会の会員世帯は5700に留まっていた。戸田は、58年に亡くなるが、その時点では、約束した75万世帯を超え、100万世帯に達していた。

すでに、地方から都市に出てきたばかりの人間が、創価学会の折伏の対象になったことにふれたが、それを裏づける調査研究がある。それが社会学者の鈴木広によるもので、1

962年7月から9月にかけて福岡市の創価学会員を対象としたものだった（「都市下層の宗教集団――福岡市における創価学会」上下／東北大学社会学研究会『社会学研究』1963年11月、64年7月、のちに同著者『都市的世界』誠信書房に所収）。

この調査で明らかになったのは、福岡市の学会員は全体として学歴が低いことで、高卒以上は全体の3割を占めるに過ぎず、多くは小卒か中卒だった。職業の面では、零細企業、サービス業の業主と従業員、零細工場・建設業の工員、単純労働者などが中心だった。

創価学会第二代会長・戸田城聖氏（1957年撮影）。

また、この調査では、学会員の生家の職業と出身地の分布についても明らかにしているが、農村漁家と商工自営の家に生まれた者が全体のおよそ7割を占めていた。調査が行われた時点で対象者が住んでいる場所に生まれた者はゼロに近く、福岡市内の別の場所というのを加えても2割に満たない。福岡市外で生まれた者が8割を超え、その大部分は農家の出身である。市内に生まれた者の場合にも、その約半分は商工自営であった。

こうした調査は他にないもので貴重だが、そこから明らかになったことは、鈴木の論文の題名にもあるように、創価学会の会員が、地方から都市に出てきたばかりの都市下層だったことである。鈴木は、彼らは「生活保護世帯に転落する危険と不安にさらされている」と指摘していた。

これに対応し、戸田が熱心に説いたのが、信仰による現世利益の実現だった。毎日勤行を行い、折伏を実践すれば、金が儲かり、幸福な結婚ができ、子どもに十分な教育を受けさせることができると説いた。これは、生活苦にさいなまれた都市下層に希望を与えるものであった。

国立戒壇という政界進出の目的

その際に戸田が重視したのが、大石寺の板曼荼羅である。戸田はそれを「幸福製造機」と呼んだと言われているが、直接にはそうした表現はしていない。ただ、「この御本尊は、仏法の最高理論を機械化したものと理解してよろしい。例えば、電気の理論によって、電灯ができたと同じと考えてよろしい。仏教の最高哲学を機械化した御本尊は、何に役立つかといえば、人類を幸福にする手段なのである」と述べていた。

日蓮によるとされてはいるものの、偽書の疑いが濃い『三大秘法抄』については第3章でふれた。三大秘法は、「本門の本尊」、「本門の戒壇」、「本門の題目」から成り立つものである。日蓮正宗では、大石寺の板曼荼羅こそが本門の本尊であるとした。戸田も、当然、その立場をとったが、問題は本門の戒壇である。『三大秘法抄』では、それは、「勅宣並びに御教書を申し下して、霊山浄土に似たらん最勝の地を尋ねて」建立されるべきだとされていた。国柱会の田中智學は、これを「国立戒壇」と呼んだ。

牧口は、智學の講演を聞きに行ってはいるが、国柱会に入会することはなく、智學の法華主義の立場をとらなかった。したがって、国立戒壇の主張を展開することはなかった。ところが、牧口の弟子である戸田は、智學の国立戒壇の考え方を取り入れた。そして、それを政界に進出する際の目的に掲げたのである。智學は、三保の松原の最勝閣に国立戒壇を建立しようとしたが、戸田は、大石寺にそれを建立しようとした。

その点で、戸田は師である牧口の考え方から逸脱したとも言える。しかし、それ以上に問題なのは、智學が国立戒壇の建立を掲げた時代と、戸田がそれを唱えた時代の違いである。智學の時代は、皇国史観が国家の公式なイデオロギーとなり、国立戒壇の主張もその枠のなかに位置づけられた。天皇は世界統一をなしとげるべき存在であり、その際に前提として法華信仰が世界に行き渡る必要があった。そのシンボルとなるのが国立戒壇だったのである。

しかし、創価学会が急拡大していった戦後の社会では、皇国史観は否定され、天皇は現人神ではなくなった。戸田も、生長の家の谷口雅春のように、明治憲法の復元を訴えたわけではなく、天皇を現人神に引き戻そうとしたわけではない。

それでも戸田は、創価学会が政界に進出した直後、なぜ自分たちが政治にかかわるのかについて、次のように述べていた。

しかし、われらが政治に関心をもつゆえんは、三大秘法の南無妙法蓮華経の広宣流布にある。すなわち、国立戒壇（本門の戒壇）の建立だけが目的なのである。ゆえに政治に対しては、三大秘法稟承事における戒壇論が、日蓮大聖人の至上命令であると、われわれは確信するものである。

これは、機関誌の『大白蓮華』における、「王仏冥合論」という連載の第1回（195

6年8月1日号）に出てくるものだが、この主張の背景には、連載のタイトルにあるように、王仏冥合の考え方があった。

これも戸田が智學から取り入れたもので、智學は、第3章でふれたように、「法国冥合」と呼んでいた。戸田の使う王仏冥合の方が一般的である。

戸田は、王仏冥合について、政界に進出する5年前からふれていた。『大白蓮華』の1950年3月10日号に「王法と仏法」という文章を載せ、そこで、太平洋戦争に至る政治のあり方は決して「理想的王法」ではないとし、仏法は誰一人苦しめるものではなく、慈悲を核としており、その慈悲が王法、つまりは政治に具現されるべきだとしていた。そこで、王法と仏法が冥合するというわけである。

戦前の政治のあり方が理想的王法でないということは、天皇を批判しているようにも見える。敗戦から5年しか経っていない時点では、社会にそうした感覚が広まっていた。ただ、だからこそ、創価学会は正しい仏法を掲げて王法をあるべき姿に変えていくのだと宣言されているわけではない。それでも、すでにその時点で、戸田には政界に進出しようとする意志があったように見える。

戦闘性と矛盾

では、創価学会の政界への進出は、純粋に宗教的な目的を達成するためだったのだろうか。その点が問題になってくる。

戸田は、この時期、創価学会を戦闘的な集団に仕立て上げようとしていた。1954年10月31日には、青年部1万名が大石寺に登山し、富士の裾野で「出陣式」を行っている。戸田は、青年部員たちの前に白馬に乗って現れた。これは、天皇の閲兵式《えっぺい》を真似たもので、青年部員たちは軍歌調の歌を歌い、上空では加藤隼《はやぶさ》戦闘隊の元中隊長が操縦するセスナ機が旋回していた。青年部の組織は、男子青年部隊と女子青年部隊と名付けられ、それを率いたのが参謀室だった。まるで軍隊である。

翌年3月には、北海道の小樽で「小樽問答」を行っている。これは、創価学会の幹部と日蓮宗の学僧との論争だったが、戸田は、十分な準備をした上で、この問答に臨んだ。激論が戦わされたものの、判定者がいないこともあり、問答に決着がついたわけではない。けれども、参謀室長となった池田大作が創価学会側の司会で、最後に、創価学会の勝利宣言を一方的に行ったことで、創価学会が日蓮宗に勝利したというイメージが作られた。

そして、前年の11月に創価学会の組織のなかに設けられていた「文化部」の部員が、1955年4月の地方選挙に出馬し、東京都議会で1名が当選したほか、23区の区議会で33名、他の都市の市議会で19名が当選した。

世間の注目を集めたのが翌1956年の参議院議員選挙で、文化部から6名が立候補し、全国区で2名、大阪地方区で1名が当選した。得票数は99万票で、次の59年の参議院選挙では、票を248万まで伸ばし、6議席を獲得している。

いかにこの時期の創価学会がすさまじい勢いで伸びていたかがわかるが、戸田は、衆議院にまで進出することは否定していた。また、政党を組織することもないとしていた。実際、最初の地方選挙では、文化部員のなかには既成政党から立候補する者がいた。

機関紙である「聖教新聞」1955年4月3日号に掲載された「文化部員の政界への進出」では、「学会がその宗教上の団結を利用して政党を結成してこれに当たる事は全くの誤りとなる」とされ、文化部員が「保守党革新党と別れて政治上の問題については大いに議論を闘わし、学会出身者同志の闘争があっても良いのである」と述べられていた。

政界進出は、創価学会の信仰、日蓮正宗の信仰を世の中に広める広宣流布完成のためだとされ、「広宣流布の終点は国立戒壇建立である。その為には国会での議決が必要だ」と

1959年６月の第５回参院選で創価学会６人が全員当選。写真は東京地方区でトップ当選した柏原ヤス氏。東京・創価学会築地支部会館にて。

述べられていた。

ただ、国立戒壇建立と言っても、それが具体的に何を意味するのかとなると、その点には曖昧さがつきまとっていた。国会での議決ということになれば、参議院だけではなく、衆議院でもそれを行う必要があるが、創価学会は衆議院には進出しないとされていた。政権をめざして権力闘争をする意図はないからだというのだ。だったら、どうやって議決にまで持ちこむのだろうか。

戸田が国立戒壇の建立を創価学会が政界に進出する目的としたことは、日蓮正宗の信仰を国教にしようとたくらんでいるのではないかという批判を呼ぶことになった。先に引いた「王仏冥合論」の第1回では、創価学会が日蓮正宗を国教にするとか、衆参両院で議席を占めようとしているといった議論が出ているが、それは妄説であると否定していた。では、国立戒壇が何を意味するのかということになると、具体性に欠けていた。

しかも、最初に政界に進出したのは都議会などの地方議会である。国立戒壇を国会で議決するのであれば、地方議会に進出する意味はない。この点でも矛盾があるように思われる。

組織を引き締めるための選挙

むしろ、戸田の本音は別のところにあったのではないだろうか。

戸田は、参議院に進出する1956年3月31日、豊島公会堂で開かれた3月度本部幹部会で講演を行い、その際に、選挙をやる目的を二つあげていた。一つは、選挙になると会員たちの目の色が変わってくるので、支部や学会の信心を締めるために使えるということである。もう一つは、学会には金がないので、自ずと公明選挙になり、それは国家を救済するのに役立つというのである。

現在では「明るい選挙運動」が展開されているが、この時代、それは「公明選挙」と呼ばれていた。1964年に公明党が結成されることで、公明選挙の名称が使えなくなったのだが、公明党という党名のもとが、この戸田の講演にあったことは明らかだろう。

創価学会では、その戦闘性を象徴するように、「勝負でいこう」、「仏法は勝負だ」といったことばがくり返し使われており、現在でも、「聖教新聞」の紙面では何かにつけ勝利ということばが躍っている。小樽問答などは、勝利を誇示するための格好の機会となったわけだが、選挙ほど勝敗が明確につく機会はない。

創価学会にとって、選挙に勝利するということは、会員を増やすことであり、折伏の成果がそこに直接に反映される。その後は、会員にならなくても、公明党に投票してくれる友好票（組織のなかではF票と呼ばれる）を増やすことが中心になるが、当初の段階では会員を増やすことが、選挙に勝つための最良の手段だった。選挙には折伏の成果が直接反映されるわけで、その点で、会員たちの目の色が変わったのである。

この点で、戸田の本音は、組織の引き締めにあったと見ることができる。政界進出にあたって、創価学会がその組織構造をタテ線からヨコ線に転換したことも、それを裏づけている。タテ線とは、折伏された人間が折伏した人間の支部に属するもので、人間関係が基盤になっている。それに対してヨコ線は、地域を基盤としたもので、同じ地域に生活する会員が同じ支部やブロックに属することになる。選挙では、選挙区が単位になっており、創価学会の支部は、選挙区と重なる形で組織されていくこととなった。

こうした点から考えていくと、戸田が国立戒壇の建立を政界進出の主要な目的として掲げたことは、あくまでそれを正当化するためのスローガンに過ぎず、実際に戸田がそれを本当にめざしていなかった可能性が考えられる。

戸田城聖の真意

最初、地方議会に進出したことも、それは、議員を通して創価学会の会員たちの要望を政治に反映させるためで、現世利益の実現を促進することを第一の目的としていたと考えられる。実際、公明党が結成されると、大衆福祉の実現ということが最重要の政治課題として主張されるようになる。

ただ、戸田は、国立戒壇の建立によって日蓮正宗の国教化をめざしているのではないかという世間の批判を真っ向から否定したが、だからといって戸田にその意図がなかったとは言えない。それも、戸田の発言にはいい加減なところがあるからである。

創価学会を扱ったニュース映像に、朝日ニュースの「カメラ・ルポ　創価学会」がある。1957年7月10日のものである。そのなかで、創価学会の会員による謗法払いによって、仏像や過去帳などを焼き捨てられたことが取り上げられている。その点について問われた戸田は、「仏壇壊すなんて、そんなバカなことがあるわけはない」と真っ向から否定していた。

しかし、謗法払いは、創価学会がその創立以来行ってきたことで、牧口が逮捕され、投獄されたのも、伊勢神宮の神札、神宮大麻を焼き払ったからだった。戸田は、このとき同時に逮捕、拘留されており共犯だった。戸田は、世間からの批判には、それが事実であるかどうかを問題にせず、とりあえず真っ向から否定した。国教化についても、戸田のとった態度は同様で、否定したからといって、その意図がなかったとは言えないのである。

戸田は、1958年3月16日、大石寺に6000人の青年部員を集め、「広宣流布の模擬試験」を行う。模擬試験という言い方はいかにも戸田らしい。というのも、戦前、教育産業に転じた戸田は、中学受験のための公開模擬試験を行っていたからである。

戸田は、この模擬試験に総理大臣だった岸信介を招待した。岸は戸田の知り合いだった。岸は招待を受け入れたが、当日の朝、直接戸田に電話してきた。外交上の問題が突発したので、至急東京に戻らなければならないと言い、謝罪したのである。

戸田は、すでに模擬試験に集まってくる青年たちに岸の来訪を歓迎するよう伝えていた。

戸田は電話口で岸にそれを伝え、怒りをこめて抗議した。岸の欠席理由はその場しのぎのもので、実際には、岸側近の議員から横やりが入った結果だった。岸は自身の代わりとして女婿であった安倍晋太郎を送り込んだ。

この顚末は、池田大作の小説『人間革命』の第12巻で詳しく述べられている。戸田が亡くなるのは、その翌月の4月2日のことだった。自らの命が長くは続かないことを予期した戸田は、岸が大石寺に駆け着けてくることに大いに期待をしたが、その期待は裏切られたのだった。

4月20日には、青山葬儀所で戸田の葬儀が営まれ、そこには30万人もがつめかけた。岸はこちらには参列している。祭壇の前で手を合わせる岸の姿が、ニュース映像として残されている。

総理大臣の大石寺来訪が模擬試験であるとすれば、本番においては、やはり天皇の来訪が期待されていたのだろうか。国立戒壇の建立が議会で議決され、天皇が国立戒壇を礼拝するために訪れる。それが、戸田の考える幻想の政治学だったことが考えられる。

若きリーダーの登場

戸田は、日蓮正宗の信仰を背景に、そこに智學の国立戒壇論を持ちこんだ。両者は、法華信仰、日蓮信仰であるだけに、十分な融和性があった。

しかし、決定的な違いは、戦後は、日蓮主義の基盤となる皇国史観が解体され、社会に共有されなくなっていたことである。そうした状況においては、国立戒壇の建立という政治目的は、日蓮正宗の国教化としてしか世間には受け取られなかった。戸田は国教化を否定したものの、では国立戒壇がいかなるものなのか、明確な説明を行えなかった。

では、こうした矛盾を、戸田の後を継いだ池田は、どのように解決しようとしたのだろうか。

池田が32歳の若さで創価学会の第三代会長に就任したのは1960年5月3日のことだった。戸田が亡くなったのはその2年前の58年4月2日であった。その間、会長の座は空白だった。それは、池田が戸田が亡くなった時点で30歳にしかなっていなかったことと、57年4月の参議院大阪地方区補欠選挙に関連し、池田が公職選挙法違反で逮捕、起訴されたことが影響していたであろう。結局、池田は無罪になるのだが、その判決が出たのは会長就任後の62年1月25日のことだった。

会長に就任した直後の池田は、創価学会の政界進出にかんして戸田の考え方を受け継いだ。ただし、会長就任前に出た「聖教新聞」1959年6月20日付の「参議院選挙の批判に答える」という記事では、国会内に小会派を作ることは否定したものの、「学会から推薦されて立った議員たちが、将来時代の要求として大衆の要望としてそのようなものをつくらざるを得ない場合にはやむをえないこと」であると、政党の結成に含みを持たせていた。

さらに池田は、そこで「第三文明」ということばを持ち出している。当時は自民党と社会党が拮抗したいわゆる「55年体制」が続いていた。池田は、第三の勢力を志向することを主張し、共産思想や自民党思想のような偏った思想ではない第三文明を確立する必要性を訴えていた。

これを象徴するのが、1960年に盛り上がりを見せた安保反対闘争に対する創価学会の姿勢だった。学会は、保守、革新のどちらにつくこともなく、事態を傍観する立場に徹した。創価学会の参院議員についても、安保に対してどういった姿勢をとるかは、個人の判断に任された。

政党の結成と国立戒壇の破棄

その点で、創価学会は政権争いから一歩引いた立場を堅持したように見える。だが、一歩一歩政党化の方向に進んでいった。池田の会長就任から1年が経った1961年5月3日、文化部は文化局に昇格し、そのなかに政治、経済、教育、言論の四つの部がおかれた。文化局は「第三文明建設の実行機関」と位置づけられ、11月27日には「公明政治連盟（公政連）」という政治結社が結成される。

公政連が誕生して最初の参院選では、全国区で7人、東京と大阪の地方区で2人が全員当選し、非改選とあわせて参院議員は15人となった。選挙直後には、「参院公明会」という院内会派が結成され、予算を伴わない法案の提出権を獲得した。この選挙で、公明党が獲得したのは412万4268票で、得票率は11・5パーセントとなった。これは、日本社会党のおよそ半分にあたる。

公政連は、文化部（文化局政治部）とは異なり、すでに創価学会内の組織ではなかった。だが、創価学会から完全に独立しているわけではなかった。公政連の幹部や参院議員は、依然として創価学会の幹部だったからである。

公政連の第1回大会では、池田が創価学会の会長として挨拶し、北条副委員長も、「決して池田先生を離れて、公政連の発展もおののしあわせもありえない」と述べた。毎日新聞記者の堀幸雄は、「池田が事実上の党首で」あったととらえている（『公明党論──その行動と体質』南窓社〈初版時・青木書店〉）。

1963年4月の都知事選では、自由民主党の推す東 龍 太郎《あずまりょうたろう》を支持した。当時の創価学会=公政連は、東京都で約50万票の組織票を持っており、その集票能力は他党にとって脅威となっていた。

都知事選の1年後、1964年5月3日に開かれた創価学会の第27回本部総会において、池田は、公政連を政党化する意思を示し、その席上で会員たちに対して、「公明政治連盟を一歩前進させたい。公明政治連盟をば、皆さん方の賛成があるならば、王仏冥合達成のために、また時代の要求、民衆の要望にこたえて、政党にするもよし、衆議院に出すもよし、このようにしたいと思いますけれども、いかがでございましょうか」と問い掛けた。これに対して、その場に集まった会員たちは、盛大な拍手で賛同の意思を示した。池田はそれを踏まえ、文化局政治部の発展的解消を宣言した。

ただこれは、池田が会長に就任して間もない時期に言っていたことと矛盾した。池田は、会長就任の翌月、1960年6月10日の中部総支部幹部会では、「創価学会は衆議院には出ません」と、衆院への進出を否定していたからである。

公政連の政党化と衆院進出を否定する池田の発言は、戸田の遺志に沿うものだった。ところが第27回本部総会では、「恩師戸田先生も時きたらば衆議院へも出よとの御遺訓があったのであります」と述べるようになっていた。戸田がこうした遺訓を残したという証拠はない。少なくとも、小説『人間革命』には、そんなことは出てこない。

その第9巻では、初めての地方議会選に臨む際の戸田の心境が描かれているが、そこでは、「ただ権力の争奪に専念する政治家たち、そのような政治家の徒党集団にすぎない政党」と、政党の問題点が指摘され、政治勢力化して行動を起こしても、根本的な変革はできないので、「創価学会を政治組織化するつもりは毛頭なかった」と述べられていた。

さらに第27回本部総会で池田は、大石寺に「本門戒壇之大本尊（板曼荼羅）」を祀るための正本堂の建設を宣言しているが、それは民衆立の戒壇だとしていた。戸田がめざしたのは国立戒壇の建立だったわけだが、池田はそれをあっさりと撤回してしまった。それは、国立戒壇の建立だけが目的だとする戸田の政界進出の意図を根本から否定するものだった。

池田大作の総理への野望

なぜ池田は、公政連を政党化し、衆院進出することによって、「権力の争奪」の方向にむかったのだろうか。そこには、創価学会の拡大が依然として続いていたという背景があった。公政連は1964年に公明党へと発展していくが、その年末の時点で、創価学会の会員数は500万世帯に到達していた。初めて政界に進出した時点からすると、会員数は10倍に伸び、創価学会は巨大教団に発展していた。それをバックに、池田は政権奪取の方向に舵を切ったのである。

公明党が結党された翌年の1965年7月の参議院議員選挙では、公明党は11名を当選させ、非改選とあわせて議席数を20に伸ばした。得票数は目標とした550万票には及ばなかったものの、509万7000票に達した。

この参議院議員選挙の直前の1965年5月7日、池田は第29回本部幹部会で講演し、79年までに、1000万世帯の折伏を目標とすると宣言した。そして、大石寺が建立されてちょうど700年目にあたる1990年を最終目標に、「広宣流布の大総仕上げにかかりたい」と述べた。その上で、「これはあくまで話として聞いていただきたいのですが、

1500万世帯になれば、いまの日本の世帯数は2400万世帯ぐらいですから、ゆうに全世帯の半分を占めることになります。そうなれば、釈尊の『舎衛《しゃえ》の三億』の方程式は、事実上間違いなく、実現することは明らかです」と語った。舎衛の三億とは、国民の3分の1が創価学会の会員になり、もう3分の1が支持者になれば、広宣流布が達成されるという考え方だった。

矢野絢《じゅんや》也は、私との対談（『創価学会――もうひとつのニッポン』講談社）のなかで、当時の池田の口癖は、「公明党で単独過半数を取れ」、「天下を取れ」であったと言い、次のように述べている。

「公明党で単独過半数を取るんだ」という話は、そんな席で食事をしながら聞いたんですね。池田さんはお酒を飲まないんですよ。ですから酔っぱらった勢いで口にした話ではない。聞くほうはかしこまって拝聴し、「食べなさい」なんて言われて「はい」と食べ、また話が始まる。そんなときに、「俺は総理になるんだ」というご発言が、言論問題が起きるまではありました。

言論問題については、この後に述べることになるが、公明党の竹入義勝委員長の方も、1967年7月3日に開かれた公明党の第5回臨時党大会での演説で、これからの10年間に4回総選挙があると仮定して、140議席を占め、社会党に代わって第2党に躍り出ることを目標として掲げた。参議院では70議席を確保し、地方議会では5500人の陣容を整えたいと発言したのである（央忠邦・著『池田大作論』大光社）。

1967年1月27日、総選挙で公明党が躍進し、インタビューに答える創価学会第三代会長・池田大作氏。

矢野は、池田が一度だけ衆議院に足を運んだときのことについて対談で語っていた。1967年の選挙で、初めて衆議院に公明党の部屋ができたときのこと、池田は、日本の柱になれという意味で、大きな杉の木の絵を贈った。日本の柱は日蓮の考え方に由来する。

その後、池田は国会にやってきて、竹入委員長以下、25名の当選者に迎えられた。その際、竹入は静かに重々しく、「次は総理としてお迎えいたします」と言ったという。25名というのは、自民、社会、民社の各党に次ぐ第4党を意味した。さらに1969年に行われた衆議院議員選挙では47議席を獲得し、民社党を抜いて野党第2党にまで躍進している。

たしかに、このままの勢いが続くなら、公明党が政権を奪取するのも夢ではないように見えた。その後、1983年の衆議院議員選挙では58議席を獲得している。単独政権は無理でも、連立政権ならあり得る。池田をはじめ、創価学会や公明党の幹部は、池田が総理大臣になる可能性を信じていたであろう。

政権奪取の挫折

公明党が結成されたときの結党宣言では、日蓮の「立正安国論」が持ち出され、「公明党は、王仏冥合・仏法民主主義を基本理念として、日本の政界を根本的に浄化し、議会制民主政治の基礎を確立し、深く大衆に根をおろして、大衆福祉の実現をはかるものである」と述べられていた。その点で、公明党は宗教政党として産声を上げたことになる。

だが、この結党宣言でも、同時に発表された綱領でも、国立戒壇の建立についてはまったくふれられていなかった。すでに池田は、それを民衆立に改めていたからで、王仏冥合とは言っても、その内実は大きく変化していた。

池田は、戸田の抱いていた国立戒壇建立という幻想の政治学を、政権奪取という現実の政治学に大きく転換させたとも言える。ただ、将来の見通しということでは、それを誤ったとも考えられる。

すでに見た鈴木広の調査研究が示しているように、創価学会などの新宗教が急拡大したのは、産業構造の転換に伴って地方から都市への大幅な労働力人口の移動があったからである。ところが、東京、大阪、名古屋の三大都市圏への流入は、1960年代前半をピークに減りはじめる。第一次オイル・ショックが起こった後の70年代後半以降になると、東京圏への流入は続いたものの、名古屋圏では横ばい、大阪圏ではむしろ転出の方が多くなる。

それは、創価学会に入会する可能性のある人間が減っていったということである。それは、組織の拡大にストップをかける。だが、創価学会も公明党も、その関連性について十分に認識していたとは思えない。組織拡大は、永遠に続くものと錯覚していたのではないだろうか。

1970年５月３日、東京・両国の日大講堂で開かれた第33回創価学会総会。演壇は、言論出版問題について謝罪する池田会長。

１９７２年には、民衆立の戒壇として大石寺に正本堂が完成する。それは６０００席の巨大な建築物で、板曼荼羅がそこに安置された。それに先立つ71年には創価大学も創立されている。創価学会が戦前に創価教育学会としてはじまったことを考えれば、それは偉大な成果ということになる。

しかし、１９６９年に創価学会と公明党は言論出版妨害事件を起こし、世間の強い批判を浴びることになる。池田はそれを踏まえ、70年5月3日に開かれた第33回本部総会で謝罪した。その上で、自らが選挙に出馬することはないと約束し、国立戒壇を否定した上で、強引な折伏の停止も約束した。さらには、創価学会と公明党との政教分離まで約束した。具体的には、公明党の議員は、それまで創価学会の幹部が兼ねる形をとっていたわけだが、幹部からは退くことになった。

1970年は、大阪で万国博覧会が開かれた年で、戦後の高度経済成長の頂点をなす大イベントだった。しかし、73年には第一次オイル・ショックが起こり、高度経済成長にはブレーキがかかる。それは、高度経済成長とともに発展を続けてきた創価学会にとって、大きな変化が訪れたことを意味したのである。

さらにそこには、新宗教と深く関係する天皇制のあり方も関係していた。それについては、次の章で述べることになる。

第6章

平成以降の新宗教と創価学会

受け入れられた象徴天皇制

１９８９年1月8日、昭和天皇の崩御によって、新しい天皇が即位し、平成の時代がはじまった。ベルリンの壁が崩壊したのは、この年の11月９日のことだった。これはやがてソ連邦を中心とした共産主義圏の解体に結びつき、長く続いた冷戦に終止符が打たれた。

国内的にも、この年の大納会で株価は３万８９１５円87銭という終値の最高値をつけるが、年が明けると暴落し、株価とともに上昇を続けてきた地価も下落する。これによってバブルが崩壊したとされた。

平成という新たな時代は、国内外における激動からはじまった。

宗教にかんしては、１９８０年代中頃からのバブルの時代においてブームとなり、オウム真理教や幸福の科学といったこれまでとはタイプの異なる新宗教が登場した。オウム真理教は、95年に地下鉄サリン事件を起こし、世界に衝撃を与えるが、実は、既成の神道や仏教の信者数は地下鉄サリン事件が起こる前の90年代前半がピークで、それ以降、急速に信者を減らしていく。一般の新宗教も同様で、新しく信者が増えていく状態ではなくなり、高度経済成長の時代に入信した信者の高齢化も進んだ。

本書ではここまで、新宗教が、戦前戦後を問わず、天皇、あるいは天皇制と密接な関係を持ってきたことを見てきたが、平成時代の天皇のあり方は昭和時代とは大きく異なった。

もっとも大きな違いは、昭和天皇が戦争との結びつきが強かったのに対して、平成時代の天皇にはそれがなかった点である。昭和天皇は、大日本帝国憲法によって神聖化された天皇としての時代を経験している。また、戦争責任を問われる立場にもあった。

それに対して、平成時代の天皇は、最初から日本国憲法のもとにあり、戦争とは無縁だった。天皇自身も、皇后とともに慰霊の旅を続け、平和の重要性を強調することを試みた。世論調査の結果でも、平成の時代に入ると、天皇に対する好感度は一気に上昇し、時代が進むにつれて、天皇を尊敬する割合が高まった。天皇に反感を抱く人間は、平成の終わりになると、ほとんどいなくなる。象徴天皇制は、平成の時代に広く国民に受け入れられたのである（涌井秀行「昭和・平成・令和の天皇の代替わりと戦後日本――戦後権威・権力としてアメリカ＝象徴天皇制――」『Prime43』２０２０年3月31日）。

これは、天皇という存在が、現人神という側面をほぼ完璧に喪失したことも意味する。たしかに、天皇が日本国の象徴である根拠は、究極的には神話に求めるしかないわけだが、日本国憲法では、国民の総意によると規定された。戦後は、「開かれた皇室」がスローガンとして掲げられたが、それには国民の支持が不可欠であり、その条件は平成の時代に十分に満たされるようになった。

国立戒壇論から消える天皇

開かれた皇室における天皇は、現人神としての天皇とは大きく異なる。現人神であることが特に強調されたのは、日中戦争がはじまってから文部省が刊行した『國體の本義』を通してだが、天皇を中心とした政治体制である国体が不敬罪や治安維持法によって守られることで犯し難い神聖性を保持した。そのことが宗教界全体に影響した。昭和天皇にはまだその名残があったが、平成以降になると、そうした面は一掃される。

高度経済成長時代に大きく発展した新宗教においては、天皇という存在はことさら意識されず、信仰対象となる神仏と天皇との関係についても特に言及されることはなくなっていた。創価学会の戸田城聖が説いた国立戒壇は、国柱会の田中智學が説いたもので、智學は天皇の発する勅宣を前提とし、帝国議会の議決を経て建立されるとした。それに対して、創価学会の国立戒壇は、国会の議決によるものとされ、そこに天皇は介在しなかった。そもそも戦後の社会では、天皇の直接の命令である勅宣自体が存在しなかった。

創価学会が国立戒壇建立の計画を捨てたことを批判し続けてきたのが冨士大石寺顕正会《ふじたいせきじけんしょうかい》である。顕正会は、東京妙信講という日蓮正宗の法華講からはじまるが、創価学会だけではなく、日蓮正宗とも対立するようになり、1974年に日蓮正宗から講中解散処分を受け、日蓮正宗顕正会として独立し、96年にはそれを冨士大石寺顕正会に改めている。

顕正会の国立戒壇では、天皇をはじめとする皇族が入会することが前提になっており、皇室、もしくは政府の宣命で着工されることになっている。これは智學が主張した国立戒壇のあり方に近い。ただ、天皇が国主であることは認めているものの、戦前の皇国史観に立っているわけではない。顕正会は、国立戒壇の建立を目的に掲げていても、実際に政治の世界に進出しているわけではなく、会員が選挙に出ることもない。その点で、政権を奪取しようとしているわけではなく、天皇、ないしは天皇制をどうするかというプランも持ってはいない。

天皇を絶対視しない新たな新宗教

平成の時代になって、政治の世界に直接進出を試みたのは、オウム真理教と幸福の科学である。

オウムは、1990年の衆議院議員選挙の際に真理党という政党を結成して臨み、教祖の麻原彰晃をはじめ25名の幹部が立候補した。しかし、全員落選し、供託金も没収されている。

オウムは、自分たちが落選したのは票のすり替えがあったからだと主張し、一連のオウム裁判では、それが教団の武装化に結びついたとされた。武装化は、それ以前から行われており、それだけが理由とは思えないが、その後、オウムは国家転覆を計画し、麻原は「真理国基本律」、あるいは「太陽寂静国基本律」と呼ばれる憲法を策定する。このオウム憲法は、神聖法皇によって制定されるもので、神聖法皇自身が唯一の主権者とされていた。麻原の名はあげられていないが、神聖法皇が麻原であることは明らかだった。

その第一条では、「神聖法皇は、（シヴァ大神の化身であり、）大宇宙の聖法の具現者であって、何人といえども、その権威を侵してはならない」とされる。大日本帝国憲法の天皇の規定をそのまま流用していることは明らかである。

こうした憲法は、まさにオウムの幻想の政治学にもとづくものだが、麻原が天皇の代わりの地位を占めようとしたところでは、璽宇や天照皇大神宮教の発想に近い。ということは、平成の時代にはまったく意味を持たないものだということになる。麻原は熊本の出身

1991年７月15日、東京ドームで生誕祭を開催した幸福の科学の大川隆法氏。

で、熊本は保守色の強い地域である。そうした地域性がこの憲法にも反映されている可能性がある。

幸福の科学の場合には、２００９年に幸福実現党を結成し、同年の衆議院議員選挙には３３７名もの候補者を立てたものの、全員が落選し、供託金も没収されている。その後も、国政選挙に挑戦し続けているが、当選者は出していない。一時、すでに議席を持つ議員が入党していた時期があるが、国会に議席を持っていたのはそのときだけである。ただ、地方議会では、幸福実現党は当選者を出している。

衆議院議員選挙に挑戦するにあたって、幸福の科学では、「新・日本国憲法試案」を発表している。これは書物の形で幸福の科学出版から刊行されたが、前文と16条の条文からなっていた。あわせると17条で、聖徳太子の十七条の憲法が意識されていた。実際、第一条では、「国民は、和を以って尊しとなし、争うことなきを旨とせよ。また、世界平和実現のため、積極的にその建設に努力せよ」と、十七条の憲法を下敷きにしていた。

この憲法は、国民投票によって選出される大統領が元首となり、強い権限を与えられていることに特徴があった。大統領制となると、天皇の地位が問題になるが、第十四条では、「天皇制その他の文化的伝統は尊重する。しかし、その権能、及び内容は、行政、立法、司法の三権の独立をそこなわない範囲で、法律でこれを定める」とされ、その点で天皇を日本国の象徴とする現行憲法とは内容が大きく異なっていた。尊重が何を意味するのか、具体性がないが、日本を共和制の国家に転換することが、その主旨となっている。

この憲法では、教祖である大川隆法が大統領となることが想定されているのであろうが、大統領は国民投票で決定されるので、それが前提とされるわけではない。大統領制を採用するなら、天皇制を廃止するのが当然の流れかもしれないが、そこまで踏み込んではおらず、徹底さを欠いている。それは、天皇という存在を幸福の科学が格別意識していないということでもある。この点に、天皇ということと深くかかわる新宗教をめぐる政治的な環境は、平成になってかなり変化してきたことが象徴的な形で示されているのである。

公明党と創価学会の変節

では、言論出版妨害事件によって政教分離を強いられた創価学会と公明党はその後どうなっていったのだろうか。

1964年に公明党が結成されて2年後の66年元日、公明党の機関紙である『公明新聞』には、池田大作による「日本の進路」という論文が掲載され、そこで公明党のあり方として「中道」ということが言われた。

池田は、「あるときは自民党と協調し、あるときは社会党等の野党と共闘することも、とうぜん起こりうるであろう。だが、わが党は、しょせん、いずれにも偏らぬ中道をまっしぐらに進むのである」と述べていた。以降、公明党は中道主義を打ち出す。

しかし、その後の公明党はむしろ野党色を強め、自民党と対決する姿勢を示すようになる。そして、言論出版妨害事件が起こった後、大衆政党としての自立を求められるようになると、明確に革新寄りの姿勢をとる。1971年9月に開かれた第9回党大会では、それまで日米安保については段階的解消を主張していたのだが、早期解消へと転換する。あわせて、沖縄返還協定反対、佐藤栄作内閣退陣を要求し、革新勢力の結集を呼びかけた。翌年になると、「中道革新連合政権構想」を打ち出すまでになる。

これは、この時期の創価学会が革新寄りの姿勢を見せたことを反映しているわけではない。創価学会には、そうした動きはまったくなかった。公明党が革新寄りの姿勢に転じたのは、そこにしか政権に参加できる可能性がないと党によって判断されたからだ。1973年9月の第11回党大会では、「反自民、反大資本」を掲げるまでになる。党大会の来賓席には、総評、同盟、中立労連、新産別といった労働組合の代表が居並び、国内の革新首長やフランス社会党、北朝鮮の朝鮮対外文化協会などからの祝電が読み上げられ、パーティーでも中国やソ連の大使館からの客が目立つという状態だった。この時期の公明党は共産圏との外交に積極的にかかわり、それはやがて日中国交正常化への貢献に結びついていく。

一方で、創価学会の方は、この時期、政治への関心を失っていた。1972年12月の衆議院議員選挙では、公明党は47議席から27議席と大幅に票を減らしている。そこには、言論出版妨害事件の影響もあるが、その前、71年4月の統一地方選挙では前回を上回る議席を獲得していた。事件の影響だけでは、議席の減少は説明できない。

というのも、創価学会は、衆議院議員選挙直前の10月に大石寺正本堂の落慶《らっけい》法要を控え、組織を挙げてそれに取り組んでいたからである。学会の幹部は、「選挙どころではなかった」と打ち明けている（大石学「公明党の本来は……」『文藝春秋』1973年11月号）。公明党の竹入義勝委員長も後の回顧録で、この選挙では、「創価学会の十分な支援を得られず、負けても仕方のないものだった」と述べている（朝日新聞1998年9月17日付朝刊）。

公明党保守化の分岐点となった創共協定

言論出版妨害事件以降、公明党と創価学会はそれぞれが別の方向にむかっていた。それを象徴するように、池田が政治的な発言を公にすることはなくなった。委員長をはじめ公明党の幹部が池田と直接会うこともなかった。この時期、ある政治記者が、竹入に対して、池田に「電話ぐらいしているでしょう」と問い掛けると、「なんのために」という答えが返ってきた。記者がなおも、「連絡とか報告とか……」と尋ねても、竹入からは「『政教分離』ですからね」という答えしか返ってこなかったという（前掲『文藝春秋』）。

両者の疎遠な関係がはっきりと示されたのが、1974年に調印され、翌年に公表された創価学会と共産党との間の協定、「日本共産党と創価学会との合意についての協定」をめぐってだった。これは、創価学会の側からは「創共協定」と呼ばれ、共産党の側からは「共創協定」と呼ばれる。

創価学会と共産党とは、選挙のたびに支援者の獲得というところで激しく対立してきた。ともに都市下層をターゲットにしていたからである。

そこに登場したのが、共産党のシンパであった作家の松本清張で、その自宅で、創価学会の野崎勲《いさお》総務と共産党の上田耕一郎《こういちろう》常任幹部会委員が懇談を重ね、1974年12月28日には創共協定の調印に至る。翌日には、松本宅で池田と宮本顕治《けんじ》共産党委員長が懇談した。協定では、「創価学会は、科学的社会主義、共産主義を敵視する態度はとらない。日本共産党は、布教の自由をふくむ信教の自由を、いかなる体制のもとでも、無条件に擁護する」とされ、「双方は、たがいに信義を守り、今後、政治的態度の問題もふくめて、いっさい双方間の誹謗中傷をおこなわない。……すべての問題は、協議によって解決する」とうたわれていた。

選挙で戦うのは公明党と共産党という政党である。その点では、協定はこの両党のあいだで結ばれるべきものだが、公明党の選挙活動を担うのは創価学会だった。だから、こうした形になったわけだが、創価学会が共産党と協定を結ぼうとしていることは、公明党には伝えられていなかった。竹入と矢野が、協定が結ばれたことを知ったのは、3日後の大晦日のことで、二人ともあっけにとられていた。

創共協定が結ばれたことが公表されると、公明党は協定を反古《ほご》にしようと躍起になり、むしろそれが反共路線を明確にすることに結びついた。それはさらに公明党の保守化に発展していくが、だからといって中道革新路線を捨てたわけでもなかった。そこに公明党の路線の曖昧さが示されているが、その背景としては、創価学会の会員と、自民党、特に田中派（経世会）との共通性を考えなければならない。

前の章で見たように、創価学会の会員となったのは、主に労働力として都市に移動した農家の次男・三男だった。彼らは都市下層を形成した。

こうした労働力の移動によって、地方では過疎化という現象が生まれ、農家は生活苦に直面した。それを救おうとしたのが田中角栄であり、田中派の政治だった。地方への利益誘導ということを積極的に行ったのである。

ということは、創価学会の会員と、田中派の支持者とはもともとは同一であったことになる。そこに両者がやがて結びついていく根本的な動機があったわけだが、言論出版妨害事件は、その具体的な契機になった。

というのも、政治学者の藤原弘達の著作『創価学会を斬る〈この日本をどうする2〉』(日新報道出版部)の出版を中止させようとした際、竹入は、すでに関係を持っていた田中にそれを依頼したからである。田中はこの時点で自民党の幹事長だった。

藤原は田中の説得に応じず、依頼は効果がなかったが、それで竹入は田中に借りができた。矢野によれば、それ以降、田中からは、自民党の議員が選挙で苦戦している際には、票を回してくれるよう創価学会を説得してくれと頼まれるようになった。竹入が、田中政権下で日中国交正常化に貢献しようと活発に動いたのも、借りを返すためだった。これで、公明党と田中派との関係は密接なものになっていったのである。

財政難を機とした日蓮正宗との決別

一方で、1970年代の創価学会がめざしたのは、日蓮正宗からの独立だった。

池田は、1977年1月15日、関西戸田記念講堂で開かれた第9回教学部大会において、「仏教史観を語る」という講演を行った。池田は、学会は在家集団でも供養を受ける資格があること、学会の会館は現代の寺院にあたること、そして、出家と在家がまったく同格であることなどを表明した。

これが、創価学会の財政的な問題から発していたことを裏づける池田自身の発言が残されている。池田は、1978年4月15日に埼玉県の東大宮会館で県内の日蓮正宗の僧侶たちと懇談した際、「学会の資金繰りも職員へ支払う給料だけでも大変で、聖教新聞だけではやっていけない。実を言うと、現在学会には余分な金は全くありません。そのような実態をとても恥ずかしくて世間に公表できないのが本音です」（「学会マネー」研究会・著『創価学会財務部の内幕』小学館文庫）と語っていた。だからこそ池田は、創価学会が供養を受ける資格があることを強調したのである。

ところが、これに対して、日蓮正宗の僧侶たちから、池田の見解は日蓮正宗の教義から逸脱しているとして激しい批判が巻き起こった。このときは創価学会の側は逸脱したことを認め、1978年1月には、池田が大石寺に「お詫び登山」を行い、謝罪している。そして池田は、翌79年4月24日、その責任をとって創価学会の会長を辞め、名誉会長に退いた。さらに翌々日の26日には、日蓮正宗の信徒を代表する法華講総講頭も辞任している。

これは、「第一次宗門事件」と呼ばれる。のちに第二次宗門事件が起こり、そのときには、創価学会は日蓮正宗と決別の道をとることになるからである。

とりあえず、1980年代に入ると、創価学会と日蓮正宗との関係は修復され、84年に池田は法華講総講頭に再任されている。だが、創価学会の会長職は、第四代の北条浩から第五代の秋谷栄之助に受け継がれ、池田が会長に復帰することはなかった。名誉会長は、会長を退いた池田のために新設されたポストだった。

創価学会にとって日蓮正宗は、信仰の基盤を提供してくれるものであり、それに依拠することで、信仰の正統性を主張できた。しかも、日蓮正宗の寺院の檀家になることで、創価学会の会員は、冠婚葬祭の儀式をすべて依頼することができた。それは、他の宗教や宗派に依存しないでも済むことを意味した。

そして、創価学会の会員は、総本山である大石寺に巨大な建築物を建てることに貢献した。それは「供養」と言われたが、会員は莫大な額を献金した。あるいは、創価学会員が大量に檀家になったため各地で不足していた日蓮正宗の寺院を建設することにも、会員の献金が用いられた。大石寺が立派になり、日蓮正宗の寺院が増えることは、創価学会の会員の誇りでもあった。

しかし、1970年代に入って、高度経済成長が終わりを告げると、創価学会の驚異的な伸びにもブレーキがかかる。それは、池田が述べていたように、創価学会の財政を悪化させることにつながった。だからこそ、日蓮正宗に金を回すのではなく、創価学会自身が金を使う方向をめざしたわけである。ただ、1977年から78年の時点では、日蓮正宗と決別するまでには至らなかった。まだ十分な用意ができていなかったように見える。それが実現するのが、1990年代に入ってからの第二次宗門事件のときだった。

1990年7月、創価学会と日蓮正宗の連絡会議の席上で、創価学会側が、日蓮正宗の宗門や法主を批判し、席を立ったのを発端に、両者の対立は再び激化する。創価学会は、このときは「聖教新聞」の紙上などで日蓮正宗批判のキャンペーンをはった。これに対して、日蓮正宗の側は、池田の法華講総講頭の役職を解き、11月には創価学会とその国際組織、創価学会インタナショナル（SGI）を破門とする。第一次宗門事件のときとは異なり、創価学会は日蓮正宗に屈服せず、両者は決別の道を歩むことになった。以降、関係は修復されていない。

決別が可能にした信仰内容の簡略化

この時期は、バブルははじけたとはされたものの、依然としてバブル的な風潮が続き、金余りの状況が続いていた。創価学会の会員には、不動産業や建設業に従事している中小の事業者が多く、バブルの恩恵を被っていた。創価学会では、一年に一度、12月に会員から1万円の寄付を募る「財務」を行っているが、矢野は私との対談で、1990年代の目標額は2500億円だったと語っていた。かなりの巨額である(前掲『創価学会――もうひとつのニッポン』)。

これを背景に、創価学会では金をめぐる事件が頻発する。それだけ、創価学会は豊富な資金を持っていたわけで、そのことが日蓮正宗に対して強く打って出られた原因だろう。莫大な金がそのまま日蓮正宗に流れるのは納得できない、そうした思いもあったはずだ。

初代会長の牧口常三郎が日蓮正宗に入信したのは1928年だった。それ以来、創価学会は日蓮正宗と密接な関係を結んできたが、60年を超えた時点で両者は別れることになった。これによって創価学会は、大きく変貌する。

創価学会の会員にとって、大石寺は究極の本尊が安置された場所であり、主に会員たちの寄進によって、それを祀る正本堂が建てられた。決別によって、大石寺に登山し、本尊を拝むことができなくなった。登山は、会員にとって重要なイベントで、年間160万人が参加していた。集団で登山をするにあたっては輸送班が組織され、それを担った。これを通して会員が組織を運営する能力をみがく機会も失われたのだった。

大石寺に寄進するための「供養」の際に莫大な額を献金した会員もいた。彼らにとっては、その献金が無駄になってしまった。それは、信仰の動揺につながり、創価学会を脱会する会員も出てきた。だが、多くの会員が脱会し、日蓮正宗の側につくということはなかった。地域にはすでに、創価学会のコミュニティーが形成されており、そちらの方が会員には重要だったからだろう。

決別以降の創価学会では、以前に比べて教学の比重が低下した。日蓮正宗の教学は難解なもので、会員のなかには、日蓮の遺文をおさめた『日蓮大聖人御書全集』（２０２１年にはその新版が創価学会から刊行された）を絶えず持ち歩き、教学を学び続けていた人間がいた。だが、決別することで、そうした会員も少なくなった。日蓮正宗との関係が続いていたなら、そうした傾向は日蓮正宗の僧侶から批判されたであろう。

こうした流れのなか、創価学会は、信仰のあり方を単純化し、簡略化していく方向にむかった。強調されたのは、堅固な信仰を持ち、勤行を続けることで、それによって個々人の運命や境遇を変える「宿命転換」、あるいは「人間革命」を実現することに重点が絞られていった。勤行の時間も、ＳＧＩのやり方に合わせるということで短縮化された。これによって、会員が一日に何時間も勤行することが少なくなったのである。

政権への参与という夢の実現

創価学会の政治とのかかわりは、言論出版妨害事件後の政教分離によって大きく変わった。公明党は、宗教政党としての性格を失い、大衆政党をめざすようになったからである。ただ、池田が世間にむかって謝罪した後に、公明党は、創価学会以外に支持層を広げる動きを見せたものの、それは必ずしもうまくいかなかった。結局は、公明党の選挙活動は創価学会に依存する形に舞い戻ってしまった。

ただ、そのことは、日蓮正宗との決別後に実を結ぶことになる。

1993年の衆議院議員選挙で、与野党逆転が起こり、非自民、非共産の連立政権、細川護熙《もりひろ》内閣が誕生する。そこには、日本新党、新生党、新党さきがけ、社会党、民社党、社民連、民改連、そして公明党という八つの政党、会派が加わった。

この内閣において、公明党は郵政大臣、労働大臣、総務庁長官、環境庁長官の四つの閣僚ポストを確保する。さらに、細川が佐川急便事件にかかわる資金疑惑での辞任後にできた羽田孜内閣では、六つの閣僚ポストを確保する。公明党が政権に参加したのも大臣を出したのも、初めてのことだった。

羽田内閣は短命に終わり、公明党は再び下野する。だが、細川内閣の時代に、衆院選挙に小選挙区比例代表並列制を導入する政治改革関連四法案が成立し、自民党と対抗し、二大政党の一翼を担う新たな政党の結成が必要とされた。そこで誕生したのが新進党で、1995年の参議院議員選挙で新進党が躍進するが、それに創価学会は大きく貢献する。新進党の渡辺恒三は、「創価学会が動いていた。創価学会の600万票の投票には心から感謝している」と語っている（早野透・著『日本政治の決算——角栄vs.小泉』講談社現代新書）。

ただしこれは、自民党の側に、創価学会に対するいっそうの警戒心を生むこととなった。自民党は、オウム真理教の事件を契機に宗教法人法改正の議論が起こったのを利用し、議論を、オウム真理教対策から次第に創価学会対策へとシフトさせていった。自民党は、政教分離基本法制定の必要性を訴え、池田の国会証人喚問を要求した。池田喚問は見送られたものの、参議院の宗教法人特別委員会では秋谷会長の参考人招致が実現する。この出来事は、創価学会の側に、公明党に対する不信感を募らせる結果になった。公明党は、本気になって池田を守ろうとしていないのではないかというわけである。

ただ、自民党が創価学会・公明党に協力を呼びかけるという事態も起こり、公明党も一部は新進党に合流したものの、全部は合流せず、1996年の衆議院議員選挙で新進党が議席を減らすと、翌年には解党している。それも、98年の参議院議員選挙で公明党が独自に戦うと宣言したことが決定的だった。

自公連立政権のはじまり

そこからは、創価学会・公明党と自民党とは和解にむけて進んでいき、自民党は、機関紙で池田のスキャンダルをあばく記事を掲載したことを謝罪した。新進党解党後は、いくつもの政党が結成されるが、小選挙区制の導入を主導した小沢一郎の率いる自由党は自民党との連立に踏み切る。そこに公明党も加わることになり、1999年7月に自自公の連立政権が誕生する。やがて自由党は連立から抜け、一部は自民党に吸収されたものの、自公連立政権は、一時の民主党政権時代を除いて今日にまで続くことになった。

小選挙区制は二大政党による政権交代を前提としたもので、公明党のような小政党が小選挙区で単独で当選者を出すことは難しい。その点で、公明党が自民党と連立を組み、選挙協力を行うことは重要な意味を持った。それが生き残り策でもあったのである。

一方、自民党にとっては、公明党を支持する創価学会の票が必要だった。自民党では農協や医師会など各種の圧力団体が支持母体になってはいたが、そうした団体の力は衰えて

2013年12月17日、28人目の当選者の名前の上にしるしをつける公明党代表・山口那津男氏（右から２人目）。右端は副代表の松あきら氏。公明党本部にて。

いた。したがって、創価学会票は是が非でも取り入れたいものだった。

小選挙区制と言っても、単純小選挙区制ではなく、小選挙区比例代表並立制であるため、公明党は、比例区で議席を確保するとともに、自民党と選挙協力を行うことで、小選挙区でもある程度の議席を確保できた。さらに比例区でも、自民党の小選挙区の候補者が、公明党が選挙協力してくれた見返りに、選挙カーから「比例は公明」と連呼するようになった。

これによって比例区で公明党は票を伸ばすことができるようになり、一方で、小選挙区の自民党の議員は、創価学会の支援により議席を確保することができた。この時期、他の政党は民主党に統合されるようになっていたが、政治学者の蒲島郁夫は、自公連立の最初の選挙となった2000年の衆議院議員選挙において、「民主党と公明党とが共闘していれば、自民党の当選者は激減したことであろう」と指摘していた（蒲島郁夫・著『戦後政治の軌跡——自民党システムの形成と変容』岩波人文書セレクション）。

公明党が都市部で強く、自民党が地方で強いことも、自公連立が円滑に進んだ大きな要因だった。民主党も都市部に強い政党であり、その点では公明党と連立してもメリットは少なかった。

2009年8月の衆議院議員選挙では、自民党が大敗し、政権交代が起こり、民主党が政権を担うようになった。それでも、公明党は民主党と連立を組むようにはならず、自民党とともに下野し、両者の連携は続いた。そして、2012年11月の衆議院議員選挙で民主党が大敗すると、公明党は再び自民党と連立を組み政権に復帰した。それから10年以上にわたって、連立政権は続いている。1999年からすれば、両党の密接な関係は、四半世紀に近づこうとしている。

問われなくなった政教一致

創価学会という新宗教を主要な支持母体とする公明党が政権を担っていることについては、政教分離の原則に違反するのではないかという指摘がなされてきた。連立前の自民党も、民主党も、その観点から両者の関係を批判することがあった。しかし、公明党と連立を組んでいる以上、自民党が創価学会と公明党との関係を政教分離の原則に違反しているとすることはあり得ない。野党の側も、政権をとるには公明党の協力が不可欠と考えているところもあり、近年ではその点を問題にすることも少なくなった。

それでも、一般の社会にはそれを批判する人たちはいる。公明党が政権の座にあることで、常に一つのポストではあるが大臣を確保している。連立初期には、厚生労働大臣をつとめることが多かったが、第二次安倍政権以降は、国土交通大臣を公明党の議員が占有するようになってきた。

公明党は結党以来、大衆福祉をスローガンに掲げており、厚生労働大臣を出すことは、都市下層の創価学会員の利益に結びつく可能性がある。福祉を充実させる政策を推進できるからである。あるいは、創価学会の会員には、大企業の社員などよりも、中小の建設・不動産業の従事者が多いわけで、国土交通大臣を独占することは、学会員の利益に結びつく可能性がある。その点では、創価学会は連立政権によって実利を得ていることになるし、給付金などを政府に出させることも、その利害を反映していると見ることができる。

だが、それはあくまで間接的な利害で、創価学会という宗教団体が直接連立政権から恩恵を被ったり、支援を受けているわけではない。

また、創価学会の宗教的な理念が政治に反映されているわけでもない。すでに、言論出版妨害事件以降の公明党は宗教政党としての性格を失っており、同党の議員も、創価学会での活動経験を持たない人間がほとんどを占めるようになっている。

あるとすれば、現在の旧統一教会をめぐる議論がそうだが、宗教法人の規制や宗教法人法の改正に対して、自民党に消極的な姿勢をとらせてきたことだろう。前回、オウム真理教の事件を契機に宗教法人法が改正されたときには、まだ自公連立は成立しておらず、公明党は野党だった。

創価学会自体の活動が穏健なものに変わっており、強引な折伏は影を潜めた。日蓮正宗を除けば、他の宗教や宗派を批判することもほとんどなくなった。選挙活動は依然として熱心に行われているものの、それはあくまで公明党の得票を増やすためで、それを通して会員を増やそうとしているわけではない。

圧力団体としての圧倒的な存在感

創価学会が新宗教の枠を超えて既成宗教に近づいたかどうかは難しいところだが、家の宗教として定着してきた面はある。新たに会員を獲得することは少なくなり、信仰は家を通して親から子、子から孫へと受け継がれるようになってきた。また、同じ信仰を持つ者同士が結婚し、新たな家庭を営むという場合が多く、閉鎖性がむしろ強まっている面もある。

そして、会員の数は徐々にではあるが減少傾向で、国政選挙における公明党の得票数はかなり減ってきている。地方選挙でも、4年後ごとに行われるわけだが、公明党はそのたびごとに10パーセント程度得票を減らしている地域が多い。創価学会には、高度経済成長の時代に入会した人間が多く、その世代が選挙活動でも熱心だが、高齢化したり、亡くなったりで、活動力は大きく低下し、その傾向はこれからも続くものと考えられる。

選挙を中心になって担ってきた既婚女性を中心とした婦人部が解体され、未婚女性中心の女子部と合体し女性部が生まれたところに、組織力の低下が示されている。やがて、壮年部が男子部と合体し、男性部が生まれるだろうが、統合が必要なのも、それぞれの部が単独では十分に活動できなくなったからだと考えられる。

それでも、創価学会は依然として200万人を超える会員を抱えており、圧力団体としてはかなりの力を保持している。しかも、選挙においては他の団体以上に熱心に活動する。他の圧力団体が、労働組合も含めて、力を失ってきたなかで、相対的に創価学会の重要度は増していると見ることもできる。

ただそれは、創価学会が宗教団体であるよりも、圧力団体としての傾向を強めたことを意味する。現在の創価学会は、天皇制を完全に支持しており、そこに異議申し立てを行おうとはしていない。また、日蓮主義とは異なり、皇国史観の側面はまったく見られない。

さらには、公明党が単独で政権を奪取するという夢もついえた。創価学会の幻想の政治学は消え去り、なんとか公明党の政治的な力がなくならないよう必死にそれを支えるだけになっている。それは現実の政治学だが、創価学会から新宗教らしさが失われていることも否定できないのである。

終章　新宗教の行く末

新宗教が必要とする政治力

戦後の日本社会において、新宗教は驚異的な発展をとげた。多くの信者を集め、なかには世間をあっと驚かせるような巨大な建築物を建てたり、莫大な数の信者を集めてイベントを開くようなところもあった。街角に出て積極的な勧誘活動を展開する教団も少なくなかった。

そして、創価学会や生長の家のように積極的に政治の世界に進出していく教団も現れた。第5章で新宗連のことについてふれたが、この新宗教の連合体も、創価学会が公明党を結成し、国政にまで議員を送り込むようになると、それに対抗する形で、その関係者が自民党から立候補するようになった。

宗教は、人々のこころの平安に資するべきものだという見方はある。だが、新宗教となると、現世利益の実現をうたい、生活を豊かにすることを信者に説いてきた。豊かさは、根本的には信者個々人の努力によってもたらされるものではあるが、生活苦にあえいでいるような人々には政治の力も必要である。

戦後、新宗教が伸びたのは、ここまで見てきたように高度経済成長の産物である。その時代、多くの人たちが地方から都市へと出てきた。都市の大学への進学を目的にした人たちは、やがて大学を卒業し、エリートとして活躍できた。そうしたエリートは政治を動かすことができたし、その恩恵を被ることもできた。

しかし、新宗教に吸収されていった小卒や中卒の人間は、直接に政治を動かすことはできず、生活の安定を実現することさえできなかった。そのとき、新宗教は膨大な数の信者を背景に政治の世界に進出し、政治の恩恵を受けられなかった人々を救おうと試みたのである。

急激な経済の成長で、日本の社会は大きく変わり、さまざまな問題が生じ、矛盾が露呈することになった。労働組合のストライキが頻出したのも、そのためだが、労働組合に結集できない人間たちには、新宗教が唯一の頼りだった。もし新宗教が彼らを救わなかったとしたら、あるいは、彼らを組織しなかったとしたら、社会問題はさらに拡大していたかもしれない。

幻想の教育学

創価学会に入会していった人間たちの代表となるのが、「金の卵」と称された集団就職の人間たちだった。彼らは十分な教育を受けていなかったわけだが、創価学会は彼らに教育を与える役割を果たした面がある。

創価学会には組織のなかに教学部が設けられていて、それが各種の試験を実施してきた。出題されるのは、創価学会の教えについてで、それは日蓮の著作がもとになっている。日蓮が書いたものは膨大にあり、それは『御書全集』にまとめられている。

創価学会では、それを「御書《ごしょ》」と呼ぶことが多いが、御書は厚く、しかも、日蓮が生きた鎌倉時代のことばで書かれている。試験を受けるには、この御書を学ばなければならない。

そのため、創価学会が拡大を続けていた時代には、電車のなかで御書に読みふけっている人の姿をよく見かけたわけだ。最近では、機関誌の『大白蓮華』さえ読んでいれば、試験には合格できるようになったので、そうした会員を見かけなくなったが、御書を読むことで、創価学会の会員の識字能力は高まった。

試験に合格すると、最終的には教授といった称号を与えられた。それは、創価学会の教団のなかだけで通用するもので、幻想の政治学ならぬ、「幻想の教育学」とも言えるが、高等教育を受けられなかった会員には、重要な機会だった。座談会にしても、それは人前で発表する訓練の場でもあった。

戸田城聖は、創価学会が政界へ進出する理由として、組織の引き締めに役立つことをあげたが、選挙活動に従事することは、社会活動にかかわることであり、それも会員には貴重な経験になった。政治を志す人間がいたら、公明党から出馬できる道が開かれていく。国会議員ではなくても、地方議会の議員になることは多くの人間にできる。現在の公明党は3000人程度の地方議員を抱えている。創価学会の政界進出には、会員たちに政治力を身につけさせるという効果を生んだ面がある。

創価大学の蹉跌

ただ、創価学会に誤算があったとしたら、それは創価大学のことではないだろうか。

創価大学が開学したのは1971年のことである。創立のための資金としては、池田大作の著作の印税などが使われたようだが、それは大石寺に正本堂が建つ前年のことだった。その点では、創価学会の運動が大きく盛り上がっていた時代に開学したことになるが、同時にそれは創価学会と公明党が言論出版妨害事件で世間の批判を浴びた直後の時期でもあった。つまり、創価大学は創価学会の曲がり角の時期に誕生したことになる。

当時の創価大学では、教員の多くは創価学会の会員ではなかった。そのため、創立者である池田は、開学したときの入学式に参列できなかった。言論出版妨害事件をめぐって教員の批判が強かったからである。

それでも、初期に創価大学に進んだ会員のなかには、東京大学にも合格していたのに、それを蹴って創価大学に進学した者もいた。「池田先生」の創設した大学で是非とも学びたい。そういう信仰の篤い若い会員がいたのである。

創価大学の大きな特徴は、仏教系の宗教団体が作った大学であるにもかかわらず、宗教、あるいは仏教を学ぶ学部や学科が存在しないことにある。それは一つには、創価学会が在家信者の組織で、大学に僧侶を養成する課程を設ける必要がなかったからだが、学生のほとんどが創価学会の信仰を持っていて、ことさら宗教教育を施す必要がなかったこともその原因になっていた。開学当初、開設された学部は法学部、経済学部、文学部だけだった。

創価学会の会員のなかでは、創価大学の卒業生はエリートである。ところが、大学の世界全体で考えれば、創価大学は一流大学としての評価を今のところは得ていない。つまり、創価大学を出ても、社会のなかでエリートと見なされることは難しいのである。

1960年代なかばに、池田をはじめ創価学会の会員が夢見たように、会員の数が膨大になれば、事情は異なるものになっていたであろう。だが、創価学会の伸びは、高度経済成長が終焉を迎え、低成長、安定成長の時代に入ると止まった。折伏によって会員が増えることはなくなり、子どもや孫に信仰を受け継がせていく方向に転じた。だが、子どもや孫がすべて信仰を受け継ぐわけではないし、受け継いだとしても熱意ではどうしても親に劣る。

それは、創価学会だけに言えることではなく、新宗教全般に言える。特に平成の時代に入ってから、新宗教の各教団は、軒並み信者数を大幅に減らしている。そのことは、文化庁が刊行している『宗教年鑑』に目を通しただけでも明らかだ。そこには、各教団から報告された信者数が掲載されているものの、どの教団も相当数を減らしている（詳しくは拙著『宗教消滅』『捨てられる宗教』〈共にSB新書〉を見ていただきたい）。

合理主義によって失われた新宗教の武器

序章で取り上げた旧統一教会は、高度経済成長の時代に信者を増やしたわけではない。そもそも日本で旧統一教会の信者が増えたのは１９６０年代後半からで、最初は、教義である統一原理に関心を持ち、なおかつ反共運動に関心を寄せる学生が多かった。それが、

80年代になると、合同結婚式による結婚を望む女性の信者が増えていった。

しかし、冷戦構造が崩壊したことで、反共運動の意義は薄れ、反共という政治的な動機から旧統一教会に入信する人間はほとんどいなくなった。さらに、合同結婚式を含め、教団のあり方はさまざまな形で批判されており、多くの信者を獲得できる状況ではなくなっている。1990年代はじめに旧統一教会のことが大きな話題になった時期に比べれば、かなり教団は弱体化しているはずだ。

そもそも平成から令和へと時代が移ってくるなかで、合理主義の傾向が強まっている。日本の宗教の核心には先祖崇拝があるが、生活のあり方が変わることで、先祖の重要性は低下し、先祖崇拝自体が衰退の傾向を見せている。農家なら先祖は重要だが、仕事を受け継がないサラリーマン家庭では、先祖は重要性を失っている。

先祖崇拝が盛んだった時代には、先祖を供養しなければ、その霊が祟るという感覚が広まっていた。新宗教のなかには、こうした祟りの信仰を背景に勢力を伸ばしていったところが少なくない。創価学会にはその面は希薄だが、同じ法華、日蓮系の立正佼成会、霊友会だと独自の先祖崇拝の形態を作り上げることで信者を増やしていった。旧統一教会が霊感商法を実践できたのも、先祖が祟るという感覚が社会にあったからである。

また、病気治しということも新宗教の大きな武器だった。それは、民衆宗教の時代から変わらない新宗教の特徴でもある。

だが、医療技術の発達、衛生環境の向上によって、新宗教に病気治しを期待することが少なくなった。病に陥れば、新宗教に頼るのではなく、病院に行く。かつて天理教が説いたように、「ビシヤッと医者止めて、神さん一条や」などという教えは成り立たない。天理教でも、1966年に天理よろづ相談所病院を開設している。名称からは、いかにも宗教団体が運営している医療施設のイメージがあるが、現在では地域で有数な近代病院になっている。立正佼成会でもＰＬ教団でも、同様に病院を設置している。

圧力団体が消えゆく社会において

こうした社会の変化が、新宗教の存在意義を失わせることに結びついている。これから、新宗教が再び信者を増やしていく可能性はほとんどない。実際、新宗教のなかには、消滅の危機にさらされているところも出てきている。あるいは、巨大な教団の施設を維持することに困難をきたしているようなところもある。

主に創価学会の会員の寄進によって建立された日蓮正宗の総本山、大石寺の正本堂は、

1990年代はじめに両者が決別した後、98年には解体されている。創価学会の会員が登山しなくなることで、巨大な施設が不要になったこともあるが、維持費が年間10億円かかることも大きかった。施設の規模が大きければ、それだけ巨額の維持費がかかるのである。

以前、熊本県波野村（現・阿蘇市）にあったオウム真理教の施設を取材に訪れた折、近くにあったネズミ講の組織、「天下一家の会」の本部が朽ち果てたまま放置されている光景に接した。あるいは、これから新宗教の巨大施設が同じような状況におかれるかもしれない。

ただ、新宗教が衰退したからといって、幻想の政治学が一掃されたわけではない。むしろ、かえってそれは一般の社会に広がっている。それが「陰謀論」の流行である。世界は、隠れた組織によって実は操られている。そうした陰謀論を信奉する人々が増えている。

そこには、多くの人たちが自分を支えてくれる集団を失い、孤立化してきたことが影響している。高度経済成長の時代には、新宗教だけではなく、さまざまな組織が圧力団体として機能していた。農協や医師会、遺族会、労働組合などである。そうした組織にかかわっている人の数は多く、人々は組織を通して政治と結びついていた。

現在では、こうした圧力団体は、どこも力を失い、そこに組織される人の数も減っている。また、都市では地域共同体はそれほど発達していない。企業は、一時、相互扶助組織としての性格を持っていたが、非正規雇用が増えることで、その性格を失ってきた。

多くの人たちが、自分を支えてくれる集団を失い、孤立化している。そうした人間の目からすれば、新宗教は不気味で、その組織力によって政治の世界を動かしているように思えてくる。旧統一教会への批判が盛り上がりを見せた背景には、そうした心情がある。それは、創価学会に対する警戒感、あるいは嫌悪に結びついていく。

スマホ社会の陰謀論

スマホの普及は、それに拍車をかけている。皆が日常的にスマホの画面とむきあっているのは、そのなかの世界の方が、外側の実際の社会より広く感じられるからである。人とのつながり、情報とのつながりも、すべてスマホを通してである。スマホがなくなったり、壊れてしまうと、そのすべてが一気に失われてしまう。

スマホのなかには、大量の情報があふれている。そのなかには、本物もあれば、フェイクもある。多くはその真偽を確かめようもないものである。本物だからといって信憑性を感じさせてくれるわけではなく、フェイク・ニュースの方がはるかに現実を説明してくれるように思えることもある。だからこそ、スマホを通して陰謀論が広がっていく。対面なら、誰かにその誤りや矛盾を指摘されることもあるが、ただスマホの画面を見つめているだけであれば、その情報を信じ込んでしまいやすい。しかも、情報は自分で拡散することができ、「いいね！」がつけば、拡散という行為が楽しくなってくる。

スマホは、宗教とは違い、何かの勧誘を行ってくるわけではない。だが、それを通して伝えられる膨大な情報は、私たちの感覚を麻痺させてしまう。心地よい情報だけを選択できるところが鍵で、そこに危険性もある。自分が自分にマインドコントロールされていくのだ。

スマホは社会を大きく変えた。私たちのあり方を根本から変えた。しかも、私たちはそれを手放すことができない。社会が、スマホの存在を前提に成り立つようになってきたからだ。スマホなしに、あるいはパソコンなしに大学生活を送ることなど不可能である。

新宗教もスマホを使って効率的な勧誘活動を行うことができるのではないか。そのようなことが言われたりする。しかし、現実には、そうした新宗教は現れていない。それも、スマホの世界には膨大な情報があふれ、新宗教が信者として引き入れようと意図的に情報を流したとしても、そのなかに埋もれてしまうからだ。ある意味、まともな教えを説いても、かえってそれで排除されてしまう。「お説教はたくさんだ」。その感覚も強まっているからだ。

スマホ社会において新宗教が再生されていく可能性はほとんどない。フランスの社会学者、エミール・デュルケムが指摘したように、宗教と集団的な熱狂とは深く結びついている。以前の新宗教にはその熱狂があった。スマホの映像で熱狂することはあるかもしれないが、それは個人の熱狂で、集団的なものではない。新宗教のなかで、唯一信者の数を増やしているのは真如苑だが、ここは組織活動を奨励しておらず、本部には毎日多くの人が集まってくるが、熱狂の面は欠けている。熱狂がないからこそ、この教団は信者を増やしてきたのだ。

新宗教の幻想の政治学は、スマホにそれを提供する役割を奪われた。陰謀論は、これからも人々を魅了していくのかどうか。鍵はそこにある。

おわりに

2022年安倍元首相狙撃事件からはじまった旧統一教会の問題は、一方では宗教法人の解散請求へとむかった。もう一方では被害者救済新法（法人等による寄付の不当な勧誘の防止等に関する法律）が12月10日、国会における異例の土曜審議で可決、成立した。

果たして、旧統一教会は解散になるのか、救済法は実効性を持つのか、その判断を下せるまでにはまだ時間がかかりそうだ。

解散請求については、それを支持する国民が多い。そこには、新宗教に対する強い警戒感、さらに言えば嫌悪感の存在がある。新宗教による勧誘や選挙活動を鬱陶《うっとう》しく思っている人たちは少なくない。新宗教が政治の世界に深く入り込んでいると見えることが、そうした感情を生んでいる。

新宗教は得体が知れない。そう考える人たちもいる。

第5章で立正佼成会についてふれたが、私はその本部がある東京都杉並区和田で少年時代を過ごした。小学校の窓からは、大聖堂という巨大建築物が次第にその姿を現していく様子が見えた。建設には長い時間がかかり、大聖堂が完成すると、全国から会員たちがバスに乗ってやってきた。その数は膨大で、小学生だった私はあっけにとられた。

大聖堂までは小学校から歩いて数分の距離だったが、そのなかに入ったことはなかった。何か恐ろしくて、入ってみようなどとも考えなかった。この感覚が、一般の人間と新宗教との距離感を示しているのかもしれない。

私が初めて大聖堂に入ったのは、大学で教えはじめてからだ。学生を連れて、立正佼成会の活動のなかでもっとも重要な法座を見学させてもらった。大聖堂のなかには、法座をするための部屋がいくつもあった。

法座では、会員たちが車座になり、赤ん坊を背負った一人の女性の悩みについて話し合っていた。法座のリーダーをはじめ、他の会員たちがアドバイスをしているのだが、正直私には彼女たちが何を言っているのかわからなかった。会員にしかわからない特殊な用語が使われていたからである。そうしたこともまた、新宗教を得体の知れないものと感じさせる要因になっている。

信仰は持ってみなければわからない。

新宗教の信者はそのように主張する。だが、それまで信仰を持っていなかった人間が信仰を持つのは簡単なことではない。商品を買うのとはわけが違う。そこには、こころの問題がかかわっている。

神や教祖、あるいは教えを信じている間、それは神聖で、そこにしか救いがないように思える。

ところが、いったんそれを疑うようになると、神は悪魔に変わり、教祖は詐欺師に思えてくる。

信仰の有無によって、新宗教に対する見方、評価は180度異なったものになる。既成宗教であれば、信者もそこまではのめり込んでいかない。信仰が醒《さ》めてしまうと、なぜ自分がのめり込んだのか、それがわからなくなってしまう。自分は騙されたのだと考えるしか、事態を説明できなくなってしまうのだ。

それでも、新宗教にのめり込む人は後を絶たない。それだけ、新宗教には魅力があることになる。その魅力は何なのか。新宗教をめぐって騒ぎが起こるなかで、一つ考えなければならないのはそのことである。

それについて論じるには、また別の本が必要になるが、一つの要素としては、新宗教には人々を興奮させ、熱狂させる力があるということである。

第5章で、1957年に創価学会を扱った朝日ニュースについてふれたが、そこには、どこかの会場に大挙して集まり、軍歌調の歌をうたう若い会員たちの姿が映し出されていた。

こちらは、私がたまたま入手したものだが、1957年から64年までNHKで放送されていた「日本の素顔」というドキュメンタリー番組のシリーズのうち、63年9月29日に放送された「教祖誕生」という番組がある。

これは、九州の福岡県筑紫野市にある善隣会（現・善隣教）という新宗教を取材したものだが、そのなかに、信者たちが教祖にすがる場面が出てくる。これは、「おすがり」と呼ばれるもので、説教を終えた教祖が上衣を脱ぎ、シャツ一枚になって待ち受ける信者のなかに入っていく。すると、信者たちは必死の形相で教祖にすがってくる。その光景はすさまじい。

このおすがりが終わると、次には「即決」が待っている。おすがりによって病気が治ったという人たちがそのことを皆の前で発表するのだ。信者は、「目が見えないのが見えるようになった」とか、「歩けなかったのが歩けるようになった」と涙ながらに報告する。すると拍手喝采で、場内は異様な盛り上がりを見せる。

教祖にすがったくらいで病気が治るわけがない。信者でない人間はそう考える。しかもこれは、高度経済成長真っ盛りの時代で、新宗教にもっとも勢いのあった頃のことだ。それでも、この熱狂のなかに巻き込まれたらどうなるだろうか。他の信者とともにおすがりに加わったとき、信仰のない者でも、その熱狂を幾分かは共有できるのではないだろうか。

新宗教は政治とかかわることで、さらに熱狂を生んでいく。政治にかかわれば、選挙の機会がめぐってくる。選挙活動も人を熱くする。投票日に近づくにつれ、緊迫感は高まり、それは運動最終日に頂点に達する。そして、運命の開票が行われ、当選かどうかが決まる。創価学会の二代会長戸田城聖は、まさにそこに目をつけ、組織の引き締めのために選挙を活用することを思いついた。

新宗教ではないが、祭の興奮に酔う人たちは少なくない。大阪の岸和田市のだんじり祭のように、死者が出ることが珍しくないものもある。それでも、祭を止めようとはしない。祭の興奮に命を懸けることが、究極の人生の目的にもなっているからだ。

もちろん、新宗教においても熱狂が生まれる機会は限られている。それはあくまで非日常の出来事で、それだけで信者の信仰をつなぎ止めているわけではない。むしろ、日常的にくり返される集まりや、信者同士の交わりが大きな意味を持つ。同じ信仰を持つ者同士の絆は強い。強い分、外部の人間にはそれが脅威に感じられてくるのである。

ただし、新宗教が社会の多数派になることはない。戦前における天理教は400万人を超える信者を抱えていたが、戦後はさほど伸びなかった。創価学会の最盛期には、1000万人近い会員がいたかもしれないが、1970年代の伸びは止まった。公明党が単独で政権を獲得することも夢に終わった。

旧統一教会の場合、信者の数も限られており、日本社会のなかで多数派になることは不可能である。だが、彼らの幻想の政治学では、神側がサタン側を圧倒することが夢見られている。政治の世界とかかわりを持とうとするのもそのためで、自分たちは自民党に影響を与え、それを通して日本を動かし、神側に近づけているのだと考えようとする。

現実に存在する宗教法人は解散できるかもしれない。法的な手続きが成り立てば、その可能性がある。しかし、それで宗教自体が消えてしまうわけではない。そのことは、オウム真理教の後継教団が証明している。しかも、その教えというものは、幻想の政治学を含めて、宗教法人が解散になっても消滅するわけではない。

現代では、陰謀論という新たな幻想の政治学が多くの人々のこころをとらえている。そこには、教団のような組織は存在しない。それでも、誰かの陰謀でこの世界は動かされているということに気づいたとき、その人間には世界はそれまでと違ったものに見えてくる。その変化は、新宗教の信仰を得る過程と似ている。幻想の政治学の主要な担い手だった新宗教が衰退しても、幻想の政治学自体は新たな形で生き延びているのだ。

振り返ってみるならば、民衆宗教を新宗教へと変貌させた近代の天皇制も、一つの、そして極めて強力な幻想の政治学であった。天皇は神の系譜につらなっているからこそ神聖であり、現人神である。その幻想の政治学を、多くの日本人は信じた。

なぜそれを信じたのか。そして、今でもそれを信じる人がいるのか。

その理由について考えたとき、新宗教の幻想の政治学にひかれる人々の気持ちが幾分かは理解できるのではないだろうか。
天皇が神聖な存在であり、王朝の交代がなかったことで、他国よりも日本は優れている。そうした優越感を与えてくれることが、近代天皇制の強みであった。新宗教もまた、別な形で信者に優越感を与えてくれる。その優越感によって自己を支えようとする人たちが、その信者となっていくのである。

2022年12月

島田　裕巳

写真　朝日新聞社

島田裕巳 しまだ・ひろみ

1953年東京都生まれ。宗教学者、作家、東京女子大学非常勤講師。東京大学大学院人文科学研究科博士課程修了。放送教育開発センター助教授、日本女子大学教授、東京大学先端科学技術研究センター特任研究員を歴任。著書に、『創価学会』『日本の10大新宗教』『葬式は、要らない』『神道はなぜ教えがないのか』『靖国神社』『戦後日本の宗教史――天皇制・祖先崇拝・新宗教』『天皇と憲法』『宗教は嘘だらけ』『性（セックス）と宗教』『宗教にはなぜ金が集まるのか』『宗教の地政学』ほか多数。

朝日新書
899

新宗教《しんしゅうきょう》 戦後《せんご》政争史《せいそうし》

2023年 2 月28日 第 1 刷発行

著　者　島田裕巳

発行者　三宮博信

カバーデザイン　アンスガー・フォルマー　田嶋佳子

印刷所　凸版印刷株式会社

発行所　朝日新聞出版

〒104-8011　東京都中央区築地 5-3-2
電話　03-5541-8832（編集）
　　　03-5540-7793（販売）

Published in Japan by Asahi Shimbun Publications Inc.
ISBN 978-4-02-295206-6
定価はカバーに表示してあります。

落丁・乱丁の場合は弊社業務部(電話03-5540-7800)へご連絡ください。
送料弊社負担にてお取り替えいたします。

朝日新書

歴史の逆流
時代の分水嶺を読み解く

長谷部恭男
杉田　敦
加藤陽子

大戦時と重なる日本政府のコロナ対応の失敗、核保有大国による独立国家への侵略戦争、戦後初の首相経験者の殺害……戦前との連続性ある出来事が続くなか、歴史からどのような教訓をくみ取るべきか。憲法学・政治学・歴史学の専門家が、侵略・暴力の時代に抗する術を考える。

どろどろのキリスト教

清涼院流水

キリスト教は世界史だ。全キリスト教史、超入門。教会誕生から21世紀現在のキリスト教までの2000年間を、50のどろどろの物語を通じて描く。キリスト教初心者でも読めるように、素朴な疑問からカルト宗教、今日的な問題まで盛り込んだ教養を高める読みものです。

名著入門
日本近代文学50選

平田オリザ

作家と作品名は知っていても「未読」の名著。そんな日本近代文学の名作群を、劇作家・演出家の著者が魅力的に読み解く第一級の指南書。樋口一葉から鷗外、漱石、谷崎、川端、宮沢賢治、三島由紀夫、司馬遼太郎らまで、一挙50人に及ぶ名著を紹介。本を愛する読書人必読の書。

朝日新書

70代から「いいこと」ばかり起きる人

和田秀樹

最新科学では70歳以上の高齢者に関するポジティブなデータが発表され、「お年寄り」の実態は昔と今では大きく違っていた。これまで「高齢者の常識」を覆し続けてきた著者が、気休めではない最新の知見をもとに加齢によるいいことをアップデートし、幸福のステージに向かうための実践術を提案!!

朽ちるマンション　老いる住民

朝日新聞取材班

管理会社「更新拒否」、大規模修繕工事の水増し請求、認知症の住民の増加――。建物と住民の高齢化問題に直面した人々の事例を通し、マンションという共同体をどう再生していくのかを探る。「朝日新聞」大反響連載、待望の書籍化。

お市の方の生涯

「天下一の美人」と娘たちの知られざる政治権力の実像

黒田基樹

お市の方は織田家でどのような政治的立場に置かれていたか？　浅井長政との結婚、柴田勝家との再婚の歴史的・政治的な意味とは？　さらに3人の娘の動向は歴史にどう影響したのか？　史料が極めて少なく評伝も皆無に近いお市の方の生涯を、最新史料で読み解く。

朝日新書

「外圧」の日本史
白村江の戦い・蒙古襲来・黒船から現代まで

本郷和人
簑原俊洋

遣唐使からモンゴル襲来、ペリーの黒船来航から連合国軍による占領まで、日本が岐路に立たされる時、そこにはつねに「外圧」があった――。メディアでも人気の歴史学者と気鋭の国際政治学者が、対外関係の歴史から日本の今後を展望する。

スマホはどこまで脳を壊すか

榊　浩平／著
川島隆太／監修

何でも即検索、連絡はSNS、ひま潰しに動画やゲーム……スマホやパソコンが手離せない〝オンライン習慣〟は、脳を「ダメ」にする危険性も指摘されている。その悪影響とは――、「脳トレ」の川島教授率いる東北大学の研究所チームが最新研究から明らかに。

2035年の世界地図
失われる民主主義、破裂する資本主義

エマニュエル・トッド
マルクス・ガブリエル
ジャック・アタリ
ブランコ・ミラノビッチほか

戦争、疫病、貧困と分断、テクノロジーと資本の暴走――歴史はかつてなく不確実性を増している。「転換点」を迎えた世界をどうとらえるのか。縮みゆく日本で、私たちがなしうることは何か。人類最高の知性の目が見据える「2035年」の未来予想図。

新宗教　戦後政争史

島田裕巳

新宗教はなぜ、政治に深く入り込んでいくのか？　この問いは、日本社会のもう一つの素顔をあぶりだす。新宗教は高度経済成長の産物であり、近代日本社会の宗教体制を色濃く反映している。天皇制とのかかわりに特に着目すれば、「新宗教とは何か」が見えてくる！